Ⓢ新潮新書

國分功一郎
KOKUBUN Koichiro

手段からの解放

シリーズ哲学講話

1072

新潮社

はじめに――楽しむことについての哲学的探究

楽しむとはどういうことなのだろう。

楽しいって何なのだろう。

私が何かを楽しんでいると言えるのはどういう状態なのだろう。

私たちはいったいいかなる状態を指して楽しいと言っているのだろう。


――こんな問いを、私はこの十数年あまり考え続けてきました。

そんなことが分からなくたって、楽しければいいじゃないかという声も聞こえてきそうです。しかし、そんなふうに言ってこれらの問いを蔑ろにすることは私にはできませんでした。

なぜならば、楽しむことは大切であると、私は真剣にそう考えてきたからです。楽しむことには、人間の生に喜びを与えるだけでなく、おかしくなってしまったこの社会を変えていく力があると、真剣にそう考えてきたからです。

楽しむことは大切であると言うためには、楽しむとはどういうことなのかが分かっていなければなりません。楽しむとはこういうことであると説明できなければなりません。

これは意外にも難しい課題でした。私は大学で哲学を教えている研究者ですが、哲学の歴史を眺めてみても、この問いに頭を悩ませている私に手を差し伸べてくれる哲学者は決して多くはありませんでした。ほとんどいなかったと言ってもいいでしょう。

しかし、この問いについて粘り強く考え続けてきた結果、私はいくつかの手がかりを得ました。その手がかりをもとに、私をずっと悩ませてきたこの問い、楽しむことを巡る問いについて、現段階で考えていることをまとめたのが本書です。

＊

この本は二つのパートから成っています。

第一章は論文です。雑誌「新潮」二〇二三年七月号掲載の「享受の快——嗜好品、目的、依存症」を全面改稿したものであり、タイトルも微妙に変更されています。

第二章は二〇二三年八月五日に東京大学駒場キャンパスで行った講話の記録です。こちらも、文字起こしされた原稿に大幅に手を加えています。

この本は少し変わった作りになっています。第二章の講話は第一章の論文を解説したものなのです。ですから、第一章でも第二章でも基本的には同じ話をしています。したがって、どちらを先に読んでいただいても構いません。論文口調が苦手な方は、ぜひ第二章の講話の方からお読みください。講話は大学一年生も聴講していて、彼らも理解できるように話したものですから、ずっと親しみやすいはずです。

一冊の本に同じ話題を扱った論文と講話が収録されているのは珍しい構成であると思われるかもしれません。本書は『目的への抵抗』(二〇二三年)に続く、「シリーズ哲学講話」の第二弾として位置づけられるものです。このシリーズはその時その時に私が考えていることの記録を世の中に向けて発信するという意図をもって企画されました。本書がこのように構成されているのは、そこに記された考えがどのようにできあがってきたのか、その過程を記録するためです。

哲学とは概念を使って問題に取り組む営みです。問題を切り開き、展開していくためには研ぎ澄まされた概念が必要であり、概念を研ぎ澄ませるためには、やはり論文を書いて、論文の中で、哲学者たちの考えや自分の考えを整理しないといけません。私が考えるというより、論文が考えてくれると言ってもよいかもしれません。

論文が一定の整合性を得ていき、独り立ちするところまで来ると、論文の考えてくれた内容が私の一部になっていきます。そうすると、それについて人に話をすることもできるようになります。

第二章を読むと、ずいぶんすらすらと話をしているという印象を持たれるであろうと思います。けれども、あのようにすらすらと話ができるようになるためには、第一章に記録された論文の思考が必要だったのです。

自分の一部になった考えを語っていると、しばしば、以前には思いも付かなかったアイデアが訪れます。実際、第二章の講話では、第一章の論文にはなかったアイデアも語られています。逆に、第一章の論文で行っている、概念を研ぎ澄ませる作業の一部は、第二章では省略されています。ですから、第二章を先に読んだ方も、ぜひ第一章に挑戦していただきたいと思います。

＊

前作『目的への抵抗』同様、新潮社の金寿煥さんには企画から編集までたいへんお世話になりました。心からお礼申し上げます。

草稿を読んで有益なアドバイスをくださった斉藤渉さん、桑山裕喜子さん、中谷勇輝さん、宮田晃碩さん、そして宮﨑裕助さんにも心からのお礼を申し上げます。

また本書は公益財団法人たばこ総合研究センターとの共同研究「嗜好品と目的——依存症との関連から考える」の研究成果の一部です。同センターの関係者の皆様が示してくださった哲学研究に対するご理解はたいへんな励みになりました。心からお礼申し上げます。

二〇二四年十二月

國分功一郎

第一章　享受の快——カント、嗜好品、依存症

「快適なものはまた、開化するのではなく、たんなる享受に属する」

（イマニュエル・カント『判断力批判』）

生存にとっての余白

私は二〇一一年に『暇と退屈の倫理学』〔國分 二〇二二〕という書物を発表した。この書物の主張の一つは消費と浪費を概念の上で区別することにあった。これは本稿の出発点となる議論であるから、はじめにそれを確認しておきたい。

同書は哲学を議論のベースとしているが、先の区別を論じるにあたって私が取り上げたのは、これまで哲学においてはほとんど論じられることのなかった贅沢の概念である。贅沢とは何か。それは必要の限界を超えた支出である。

この場合、必要とは人間が生存していくために最低限なくてはならないものを意味している。必要を超えた支出なのだから、贅沢は不必要である。たとえば、豪勢な食事は人間が生存していくために最低限なくてはならないものであるとは言えない。また、ふんだんに装飾を施された衣装がなくても人間は生存していける。

つまり、もっと強い言葉を使って言えば、贅沢とは無駄である。

だが、生存に必要なものだけがある生活とはいかなる生活であろうか。それは何かアクシデントがあった時に容易に崩れ去ってしまうようなギリギリの生活である。ギリギリの生活の中で、人は豊かさを感じることができるだろうか。

腹八分目と昔から言う。それが健康にもよいのだろう。人間の生存にとってはその方が望ましいのかもしれない。だが、やはり人間はたまには美味しいものを十二分に、腹一杯に食べたいと思うのではないだろうか。あるいは、服装にこだわることで、自分らしさを感じられることもあるのではないだろうか。

消費と浪費

この点を論じるために私が参照したのが、フランスの社会学者ジャン・ボードリヤールの議論である。

ボードリヤールは『物の体系——記号の消費』（一九六八年）で次のように述べた。どんな社会も豊かさを求めたし、贅沢が許された時にはそれを享受してきた。あらゆる時代において、人は買い、所有し、楽しみ、使った。「未開人」の祭り、封建領主の浪費、十九世紀ブルジョワの贅沢……他にもさまざまな例が挙げられるだろう[Baudrillard 1978, pp.275-276／二四五～二四六頁]。贅沢を享受することを「浪費」と呼ぶならば、人間にとって浪費は、豊かさを感じ、充実感を得るために欠かせないものであったと言うことができる。

ところが、最近になって人間は全く新しいことを始めたのだとボードリヤールは指摘する[Ibid.／同前]。それが「消費」である。

浪費は必要を超えた支出を意味するのだった。必要を超えた支出なのだから、浪費は満足をもたらす。満足すれば、そこで浪費は止まる。十二分に食事を取ったならば、そこでお腹はいっぱいになり、食事は終わる。つまり浪費には終わりがある。

それに対し、消費には終わりがない。なぜか。消費が物そのものの享受ではなくて、観念や記号の受け取りだからである。

たとえばグルメブームのようなものを考えてみるとよい。あるお店が流行しているからという理由で人はそこに赴く。そして一定の時間が経つと、今度は流行している別のお店に赴く。どうして人がこのような行動を繰り返すのかと言えば、それは「あの店に行った」という観念を受け取るためである。観念の受け取りには制限がない。だからこの消費行動には終わりがない。

これを応用すれば、経済は人間を思いのままに、終わりなき消費のサイクルへと向かわせることができる。二十世紀はこれを大々的に展開し、大量生産・大量消費・大量投棄の経済を作り上げ、人類史上、前例のないほどの経済成長を遂げた（また、前例のないほどの環境破壊を行った）。

消費社会と呼ばれるこの経済体制の中では、我々は知らぬ間に消費者に仕立て上げられる。浪費家になって満足することを求めても、いつのまにか消費者にされてしまう。そして消費には終わりがない。だからいつまで経っても満足が訪れない。

楽しむとはどういうことか

我々は浪費家になって、物を享受し、楽しんでよいはずなのに、消費者になるよう仕向けられ、終わりのない記号消費のゲームに引きずり込まれている。

ならばどうしたらよいか。物を受け取り、物を楽しめるようになればよい。楽しむことによってこそ、我々はこの記号消費ゲームの悪循環から抜け出すことができる。そしてこのゲームに依存している社会を変えることができる。楽しむことは社会の変革をもたらす。これが『暇と退屈の倫理学』における私の提案の一つであった。

だが、ここには大きな哲学的問題があった。楽しむとはどういうことなのか、それが実はよく分からないのである。

哲学は美については古代からよく考えてきている。ところが、楽しさとか楽しむといったことについては実はほとんど考察がない。これは美しいものに比べて楽しいことはレベルが低いと思われていたからかもしれない。

けれども、先に説明した消費と浪費の区別から出発して考えるならば、この問い自体は決して低次元のものではありえない。むしろ二十一世紀の社会を考える上で必須の問いであるとすら言える。

本稿は私にとって、この十年来の課題に対する現時点での一つの答えである。この課題に取組むにあたり、一つの日本語の単語を取り上げようと思う。

嗜好品という語

「嗜好品」はそれ自体でどこか独特な雰囲気を感じさせる語である。しばしば他の言語にはこれに相当する語がないと言われる。

辞書ではどう定義されているのだろうか。『大辞林』によれば、嗜好は、「たしなみ、好むこと。趣味。特に、飲食物についての好み」を、嗜好品は、「栄養のためでなく、味わうことを目的にとる飲食物。酒・茶・コーヒー・タバコなど」を意味する［松村二〇一九］。

「栄養のためでなく」という断り書きが付いている点は興味深い。栄養は生存のためにどうしてもなくてはならないものである。それに対して、嗜好品は単に「味わう」ためのものである。どうしてもなくてはならないものではない。とはいえ、この語には、余計とか不必要といったニュアンスは感じられない。ただ単に「味わう」ことが強調されている。

この語は本当に日本語にしか存在しないのだろうか。世界中の言語を広範囲に調査することはできないので、英語とフランス語とドイツ語についてのみ簡単な検討を加えてみたい。

英語の中に嗜好品に相当する語を探そうとすると見つかるのは、luxury goods とか a luxury といった表現である。また、フランス語では、luxury の語源である luxe を使った produit de luxe という表現が用いられる。

これら英語およびフランス語の表現のニュアンスは明らかであって、「大きな価値をもつもの」という意味である。また、英語の luxury とフランス語の de luxe はもちろん細かく検討していけば様々な意味の違いを指摘できるであろうが、そこに、「不要である」とか「非本質的である」といったニュアンスが共通していることも論をまたない。

そう考えると、味わうことや楽しむことを主眼とした嗜好品という日本語との違いは歴然としていると言わねばならない。嗜好品という日本語は、大きな価値をもつとか、不要ないし非本質的であるとかいったニュアンスとは無縁であり、楽しんだり味わったりするためだけの対象を「嗜好」という言葉で積極的に指示しているからである。[*1]

ドイツ語の或る単語

注目するべきはドイツ語である。

この言語には Genußmittel という語がある。genießen は「楽しむ」「味わう」の意の動詞で、Genuß はその名詞形。Mittel は手段を意味する。したがってこの語は「楽しむ手段」とか「味わう手段」を意味しており、或る独々辞典はその語義を、「その栄養価のために消費されるのではなく、その良い味、その刺激効果、または同様のもののために消費される何か（食べ物、飲み物など）」と定義している［Dudenredaktion 2015］。

この語が日本語の嗜好品と非常に近い意味を持っていることが分かる。興味深いのは、或る独英辞典がこの語の語義として、「茶、コーヒー、アルコール飲料、タバコなど」と例だけを挙げるに留めていることである［Scholze-Stubenrecht 2008］。言うまでもなくこの事実は、英語で Genußmittel を表現することの困難を意味している。この困難は「嗜好品」を英語に翻訳する困難とほとんど同じである。

以上の簡単な調査から分かるのは、日本語以外にも「嗜好品」に相当する単語を持つ言語は存在しているけれども、確かにそれに相当する単語をもたない言語も存在しているという単純な事実である。

我々は或る言語に或る単語が欠けているという事実を拡大解釈することのないよう注意せねばならない。以上の事実は英語圏やフランス語圏には嗜好品についての考察が欠けているということを少しも意味しない。「茶やコーヒーやアルコール飲料やタバコは云々」という仕方で深い考察がなされていることも十分に考えられるのである。また同じく、「嗜好品」に相当する語を持つからといって、その言語の用いられている地域で嗜好品についての深い考察がなされていると考えることもできない。

とはいえ、ドイツ語が「嗜好品」に相当する語を持つという事実は、日本語の「嗜好品」という語を眺めるところから始まった本稿の考察に対し、ドイツ語圏においては本稿の問題意識を深めるための手がかりとなる考察が既に行われた可能性があるという見込みを与える。

そしてこの見込みは当たっていた。ドイツ語で書を著した哲学者のカントがGenußmittelについての考察を残しているのである。

嗜好品についての哲学的考察

以下、本稿はカント哲学に即しつつ、先の問いについて哲学的な議論を組み立てることを目指す。「哲学的」とはここで、概念の整理を行う営みという程度の意味で言われている。したがって厳密な意味で哲学的であるのかどうかは確かではない。

だが、分野についての規定がこのように曖昧である研究にも一定の学問的な価値があると思われるのは、これまでの嗜好品についての研究が社会学、文化人類学、歴史学、生理学あるいは医学といった専門分野に限られており、哲学的と呼びうる考察がこれに対して加えられたことはほとんどなかったからである。

或る嗜好品の背後にどんな社会的な背景や文化的な背景があるか（社会学、文化人類学）。或る嗜好品がこれまでの歴史の中でどのように生産され、消費されてきたか（歴史学）。或る嗜好品が人体にどのような影響をもたらすのか（生理学、医学）。

これらの問いはいずれも学問的に極めて大きな価値をもつ。本稿はただ、そうした学問的達成に、それらとはやや異なる、おそらくは哲学的と呼ぶのがふさわしい、嗜好品あるいは嗜好という概念についての考察を付け加えたいのである。

付け加えると言っても、嗜好品を哲学的に考察しようとする営みが、社会学、文化人類学、歴史学、生理学、医学等の分野での嗜好品研究にとって、参考資料程度の意味しか持たないということではない。哲学に要求されるのは、むしろ諸領域での研究の基礎となり、手助けとなるような考察である。よりよく整理された概念はどんな分野にも応用が可能だからである。

嗜好品についての哲学的考察がほとんどないという事実は、嗜好品という概念がいまだ十分に整理されていないことを意味している。そのような問題意識のもとで嗜好品を考察する時、場合によっては不真面目と見なされることすらあるかもしれないこの研究課題は、驚くほど広大で重大な哲学的問い、そして社会的課題と結びついていることが分かってくるのである。

近代になって現れた嗜好品

カントの考察を見てみる前にいくつかのことを確認しておかねばならない。既に述べた通り、単語の欠如（「嗜好品」に相当する語の不在）は、その単語が存在していたならば名指していたであろう対象（嗜好品）についての考察の不在を必ずしも意味しない。[*2]
だが、だとしても、その対象を名指す単語が必要とされなかったことは事実として認定できる。英語やフランス語は世界史の中で支配的な地位を得たことのある、また得ている言語であり、そうした言語に或る対象を名指す単語が欠けているという事実は、それなりの意味を持っていると言ってもおそらく言い過ぎではない。

そして、話を哲学に限定するならば、カント以外に嗜好品を真正面から取り上げた哲学者はほとんど見当たらない。この事実は、嗜好品が哲学にとって、取り上げるに値しない、どうでもよい存在であったことを意味している。[*3]

但し注意しなければならない事実がいくつかある。本稿は「哲学」という言葉でいわゆる「西洋哲学」を指している。さて、そもそも嗜好品の例として挙げられることの最も多い茶とコーヒーとアルコール飲料とタバコのうち、アルコール飲料以外はすべて、近代になってから「西洋」にもたらされたものである。だから嗜好品をこれら四つの対象によって代表させるのであれば、近代以前に西洋で嗜好品についての考察がないのは当たり前のことである。

また、それらが知られていなかった時代の「西洋哲学」にも、嗜好品についての考察に相当するものとして、アルコール飲料についての考察は存在しているし、それどころかアルコール飲料についてならば考察は枚挙に暇がない。たとえばアウグスティヌスはアルコール飲料を悪魔と名指した。プラトンの『饗宴』は酒盛りの場面を描くという演出そのものによってアルコール飲料を肯定的に論じていると言えないこともない。

「嗜好品」という造語にこだわること

そもそも本稿は、「嗜好品」をドイツ語の Genußmittel へと翻訳することは可能だけれども、少なくとも英語やフランス語にこれに相当する語を見出すことは難しいと述べ、この語の翻訳の困難を前提としているのであるから、嗜好品についての考察が「西洋哲学」の中にほとんど見当たらないと述べることはトートロジーであると指摘することもできるかもしれない。或る単語が存在しないと述べてから、その単語を使った考察が存在しないと述べているも同然であるからだ。

実のところ「嗜好品」という日本語は明治期の造語であり、しかも、どうやら

Genußmittel の訳語として考案されたものらしい。[*4] 日本語の中に存在し始めてからわずか百三十年ほどの単語を取り上げて、その対象に相当するものへの考察が「哲学」あるいは近代の「西洋哲学」にはほとんど見当たらないなどと指摘することは混乱も甚だしいのではないだろうか。

以上のあり得べき反論を踏まえた上で、なおも私は嗜好品という語にこだわって哲学的な考察を試みようと思う。

古代より「西洋哲学」にはアルコール飲料についてならばいくつもの考察が見いだせるという事実は、嗜好品と呼ばれている複数の対象を別個に取り上げることで、より整頓された議論が展開できる可能性を告げているようにも思われる。

確かにそのとおりであろう。アルコール飲料はアルコール飲料論として、タバコはタバコ論として論じられれば、議論はより整頓されるに違いない。「西洋」に古代から存在していたアルコール飲料と、近代になってはじめてそこに存在し始めた茶やコーヒーやタバコを一緒くたにして論じることで引き起こされるかもしれない誤謬を避けることもできるだろう。

だが、もし嗜好品という概念そのものが何か重要な論点を持っていたとしたらどうか。嗜好品という概念によってはじめてアクセスできる議論の地平があったとしたらどうか。その議論の地平が、社会学、文化人類学、歴史学、生理学あるいは医学のみならず、哲学の介入を必要とするものであったとしたらどうか。

以下に続くのは、このように、事前には十分に根拠付けられているとはいえず、論を展開する中でその根拠を少しずつ集めていかねばならないような課題についての考察にほかならない。

カントのタバコ論

まずカントが『実用的見地における人間学』（一七九八年）においてタバコを論じている箇所を紹介したい。滅多に引用されることのない箇所だと思われるので、長くなるが、該当部分の全体を引用する。

なお、あとの二つの（客観的である以上に主観的な）感官（五感のうちの嗅覚と味覚

――引用者註〕には、特殊な種類の外的な感官感覚をもたらすような特定の物品に対する敏感さが関与しているが、どういう特殊な感官感覚かといえば、それは単に主観的であって、嗅ぐと味わうの二つの器官にある種の刺激感をもたらすのだが、その刺激感は嗅覚でも味覚でもなくて、ある固形の塩類からの働きかけと感じられるが、その塩類が二つの器官を刺激して独特の排泄感をもたらすのである。だからこの物品は実際に飲み食いされて器官に最も親密に摂取されるというのではなく、ちょっと器官に接触したあと間もなく吐き出されることになる。まさにだからこそ、日がな一日（食事の時間と睡眠時間を除いて）飽きることなく嗜むことができるのである。――こうしたもののうちもっともありふれた材料は煙草であって、これは鼻で嗅ぐのでもいいし、口のなかの頬と歯ぐきの間に詰めこんで唾液を刺激するのでもいいし、あるいはまた〔ペルーの〕リマではスペインからきた御婦人方でさえも葉巻を嗜むのにならって、煙草をパイプに詰めて喫うのでもよい。喫うという方法でいえば、マレー人は煙草の代わりにびんろうじの実をキンマの葉で巻いて（キンマびんろうじ）常用しているが、これがちょうど煙草と同じ効果をもたらすという。――こうした刺激渇望

（Pica）は、二種の器官における唾液と鼻の粘液の分泌が結果としてもたらすかもしれない医学上の効用ないし害を別にしていえば、単に感官の感情一般を奮い立たせるものとしてなら、いわば注意力を再び思考状態に集中させるために何回も繰り返し利用される刺激因としての役を務めるといえるが、これがないと思考状態は人を眠りに誘うか堂々巡りして単調に陥り退屈なものになるかのどちらかであって、上記のいろいろな手段はそうならないよう注意力を常時ちくちくと刺激して繰り返し覚醒してくれるのだ。人間が自分自身を相手とするこの種の楽しみは、常に新たに喚起される感覚によって、つまり素早く過ぎ去るがまた常に更新される刺激によって空虚な時間を会話の代わりに満たすことで、社交の代理を務めてくれるのである。［Kant 1980, S.55-56／七二～七三頁、§23］

この引用元の書物についてある程度の説明を加えておこう。『実用的見地における人間学』（以下『人間学』）は、カントが一般向けに行った講義のノートである。「人間学」とは Anthropologie の翻訳であるから、書名を見ただけだと非常にかたい書物を想像してしまうし、引用部から読み取れるように言葉遣いはいかにもカント風の硬派なものなのだが、実際に紐解いてみると、たとえば、自分独自の趣味に自己満足している人物を「美感的な自己中心主義者」と呼ぶとか、「適齢期に近づいた若い女性とか、都会風なエチケットにうぶな農夫が、自分の意見を飾らずに表明する」と人々の間に陽気な笑いが生じることがあるとか［Kant 1980, S.15, S.19／一七頁、三二頁、§2、§4］、日本語で世間知とでも呼ぶような話が延々と続いていく実に愉快な本であることが分かる。邦訳者も「本書はただ雑然と漫談が続いているばかりである、という印象をもつ読者がいてもおかしくない」と述べている［渋谷 二〇〇三、五三四頁］。

もちろん、二十世紀フランスを代表する哲学者、ミシェル・フーコーがこの本を翻訳して序文を付していることからも想像できるように［Kant 2008］、カント哲学あるいは近代哲学にとってこの本が重要な意味を持っていることは間違いないのだが、さしあたり、本書が批判哲学として知られるいわゆるカント哲学とは性格を異にしており、そのような本であればこそタバコの話を正面から語り得たとは指摘できるだろう。いずれにせよカントには、タバコという嗜好品に対して、これだけ本格的な議論をするほどの関心があったのである。

嗜好の低い地位

引用部の背景を簡単に見ておこう（かなり硬派な用語を使うことになるが、あくまでも背景説明であるから、うまく飲み込めない用語があってもさほど気に留める必要はない）。

カントはここで五つの外的感官、いわゆる五感の話をしている。人間が物を受け取る能力、すなわち感性には二種類あるとカントは言う［Kant 1980, S.46-47／六二頁、§15］。対象が目の前に存在している時の直観の能力である感官――感覚器官がその能力も含めてこう呼ばれている――と、対象が存在していない時の直観の能力である構想力――カント哲学では一貫してこう翻訳されるが、想像《イマジネーション》力のこと――である。

構想力の話はここでは脇に置かれ、話は感官の分類に入る。感官には内的感官と外的感官がある。内的感官は身体が心から触発される際に働く。暖かいとか寒いという感覚は、たとえば期待や恐怖などによっても触発される。怖い話を聞いてゾクッとするのも、これに似ている。内的感官によって感じられるこの感覚をカントは生命感覚と呼んでいる［Kant 1980, S.47／六三頁、§16］。それに対し、外的感官に対応するのが器官感覚であり、これを受け持つのが器官感官で、それは五つあると言われる。いわゆる五感である。カントによれば、五感のうち、触覚と視覚と聴覚の三つは「主観的である以上に客観的」であり、これは認識に貢献すると言われる。

対し、味覚と嗅覚の二つは「客観的である以上に主観的」であり、これは嗜好（Genuß）に資すると言われる［Kant 1980, S.48／六三頁、§16］。引用部冒頭にある「あとの二つの（客観的である以上に主観的な）感官」という言い回しはこの規定を前提としている。

言い方はややこしいが、要するに、触覚と視覚と聴覚はどちらかと言えば客観的であり、味覚と嗅覚はどちらかと言えば主観的だと言っているのである。

触覚と視覚と聴覚の三つは「上位の」感官、味覚と嗅覚は「下位の」感官と呼ばれており［Kant 1980, S.52／六八頁、§21］、二つの器官感官のグループには、明確な優劣が設けられている。嗜好はこれら下位の感官が分担するものとされているわけである。

以上を踏まえて引用部を読んでみると、ここでカントがタバコを例にして述べた、

「単に主観的」な感覚ないし刺激感という言葉が際立ってくる。この場合、主観的であるとは他人と了解し合うことの困難を述べている。「塩類」という言葉が出てくるが、なぜタバコの作用がそのように説明されているのかは判然としない。もしかしたら当時そのような学説があったのかもしれない。「人間が自分自身を相手とするこの種の楽しみ」が、社交の代理を果たすと言われていることも目を引く。訳者が訳注で注意を促している通り、ここでは「楽しみ」と翻訳されている Unterhaltung には「歓談」の意味もある［渋谷 二〇〇三、四四三頁、注六七］。

楽しい会話、しかも、特に誰も自分の話す内容に責任を持とうともしない、その場限りの楽しみが狙いの食卓を囲んだおしゃべりというのは、カントが『判断力批判』（一七九〇年）において「快適さ」を説明する際に用いている例であり［Kant 2001, S.190-191／上巻、一九七頁、§44］、ここに言われるタバコの楽しみは社交の楽しみの対応物として捉えることができるように思われる。

嗜好＝享受の概念

これはタバコについての一節に過ぎない。だが、ここには、栄養のためではなくただ味わうための品々について考察するためのヒントがある。『人間学』にはワインやビールを論じた箇所もあるので、それらを解説することもできるかもしれないが、ここではただ参照箇所の幅を広げるのではなくて、この一連の議論から取り出されたキーワードに集中することにしよう。

そのキーワードとは、しばしば「嗜好」とか「享受」などと翻訳されるGenußに他ならない。先の長い引用文の中にこその語は現れないが、既に紹介した通り、タバコは明らかに「嗜好」に資する表象をもたらすものとして登場している［Kant 1980, S.48／六三頁、§16］。

楽しむとか楽しいとはどういうことなのか。それを問うために本稿は嗜好品という語に注目した。そしてカントに嗜好品についての考察があった。また、嗜好そのものが一つの概念として取り上げられていた。この概念の解明は、最初の問いに答えるための大きな足がかりになる。

本稿が試みるのは、カントが嗜好という概念の周辺で展開している考察を参考にすることで、それが何から、どう区別されているのかを明らかにすることである。その周辺部を明らかにしながら、嗜好の概念を浮き彫りにしていきたいのである（なお、Genußの訳語は岩波版の全集でも統一されていないので、以下では適宜、「嗜好」「享受」あるいは「嗜好＝享受」といった表現を使い分ける）。

享受の対象としての快適なもの

カントが嗜好＝享受の概念を論じているのは『判断力批判』においてである。そして同書においてカントが、嗜好＝享受の位置を確定するべく、これを関係づけているのが「快適なもの」の概念である。

快適なものはまた、〔人間を〕開化するのではなく、たんなる享受に属する。［Kant 2001, S.136／上巻、一四三頁、§29一般的注解］

ここで言われていることは単純であって、快適なものは、新しい知識等々を授けて人間を成長させるのではなくて、単に人間を楽しませるだけだということである。そして、そのような快適なものこそが嗜好＝享受の対象に他ならないというわけだ。

では、嗜好＝享受の概念はなぜ『判断力批判』という著作で取り扱われているのか。その理由を知るためには、カントのいわゆる批判哲学の全体像についての大まかな理解が必要である。

批判哲学の三部門

『純粋理性批判』（一七八一年）『実践理性批判』（一七八八年）『判断力批判』の三書からなるカントのいわゆる批判哲学は、表象と主体および客体との関係から導きだされる三つの哲学部門について、それぞれ、高次の能力の存在を確認し、またそれらを定義することを目的としている。

表象と客体（対象）の関係においてその一致を問う時、我々は認識能力を扱っている。一般に認識とは、主体の有する表象と対象との一致を意味するからである。

カントは認識を、主語と述語からなる命題の形、すなわち、「……は……である」の形で考察する。そして、主語の概念に既に述語の概念が含まれている（「物体には大きさがある」など）のでも、主語と述語が偶然に結び付けられている（「この直線は白い」など）のでもない命題がありうることを示し、これをア・プリオリな総合判断と呼んだ（「変化するものはすべて原因をもつ」など）。

我々は、ア・プリオリな総合判断を下しうる。つまり、述語の内容が主語に含まれているわけではないのに、必然的に妥当する判断を下しうる。このア・プリオリな総合判断こそは高次の認識能力の存在を示すものであり、それを定義することが『純粋理性批判』の主要な課題の一つであった。

我々はまた、表象が客体（対象）との間の因果関係に入ろうとする場面を考えることができる。自らが心の中に立てた表象によって、その表象の対象を実現しようと欲する場面のことである。

ここで問われているのは我々の欲求能力であるが、カントが具体的に考えているのは道徳の問題、つまり善の実現である。善いこと――自分にとっては善いけれども、他人にとっては悪いことも含まれる——をその結果ゆえに実現しようとすることは低次の欲求能力の発現に過ぎない（人に親切にすると気持ちがいいから親切にする、等々）。

それに対し、無条件に善いとみなしうるものをただ善いという理由だけから実現しようとするならば、その人は高次の欲求能力を発揮していることになる。『実践理性批判』はこれを定言命法という形式によって定義した。

最後に、表象が主体に及ぼす効果を考えることができる。表象が主体の力を高めたり、弱めたりする場合である。

カントはこれを快と不快の感情の能力として考えたのだが、大変興味深いことに彼は、快と不快の感情にも高次と低次があると思い至ったのである。

高次の快および不快の感情の存在を示し、これを定義することこそが『判断力批判』の主要な課題の一つである。だからこそ、快と関係があることの明らかな嗜好概念の位置づけは、同書に求められねばならないのである。

快の対象

『判断力批判』において、嗜好＝享受は「快適なもの」をその対象とするものとして描かれている。そして「快適なもの das Angenehme」は、低次の「快 die Lust」に属している。

日本語では「快適なもの」と「快」が似ているためにややこしいのだが、いま記した原語から明らかな通り、ドイツ語では両者は全く別の語であり、快は快適なものの上位概念である。つまり、快であるものは、快適なものだけではない。では他にはいかなる快があるのだろうか。

これ自体、大変驚くべき断言であるように思われるのだが、カントによれば、快の対象は四つしかない。

快の感情に関連して対象は、快適なものか、美しいものか、崇高なものか、（端的に）善いものか、これらのいずれかに数え入れられなければならない。［Kant 2001, S.136／上巻、一四三頁、§29一般的注解］

これは本稿にとって出発点となる極めて重要な一節である。

世の中に快の対象は無限にあるだろう。しかし、概念として整理するならば、それらはすべてこれら四つ、「快適なもの das Angenehme」「美しいもの das Schöne」「崇高なもの das Erhabene」「（端的に）善いもの das Gute（schlechthin）」のいずれかに分類されるとカントは断言しているのである。

以下、我々はカントのこの断言の妥当性を信じて論述を進めていこうと思う。つまり、この世に存在する快はいずれも突き詰めて考えればこれら四つのいずれかに分類できると信じて論じていくということである。

これはすなわち、人間の経験のすべてをカントの批判哲学は説明しうるととりあえずは前提して話を進めることを意味する。この信が正しいかどうかは分からないが、安易にその外部を設定するのではなく、精密を極めるカントの批判哲学の中で、何もかもを説明するよう試みることにはおそらく意味がある。一つの哲学体系はその外部に脇目も振らずにただひたすらその中に埋没し続けた時、最後に何か重要なことを教えてくれるのが常であるからだ。

四つの象限

さて、これら四つの快の対象は、先に説明した批判体系の三部門の中に、興味深い仕方で配分されている。表にしてみよう。

まず本稿では『純粋理性批判』は扱わない。以下で考察されるのは、『実践理性批判』および『判断力批判』における、能力の高次および低次の実現である。

二つの部門において、二種類の能力の実現が論じられているのだから、問題となるのは四つのケースである。ちょうど太線で囲まれた箇所がそれに当たる。これを数学の座標平面に見立て、右上から反時計回りに番号を振ってある。たとえば右上を第一象限（①）と呼ぶことにする。

すぐに気がつくのは、快の対象は四つしかないけれども、それらは四つの象限に均等に配分されてはいないということである。快の対象という観点から見た時、第三象限（③）、つまり欲求能力の低次の実現は空欄である。

本稿の論述対象である享受の快、すなわち快適なものはその右隣、第四象限（④）に位置づけられている。つまり、享受の快の左隣には、快がない。これらの事実は極めて重大な問題を提起する。

以下の考察はすべてこの表を巡って展開される。

四つの象限、そして四つの快の対象はそれぞれがカント哲学において実に巨大な論点を構成している。それらを十全に説明し切ることは到底望めないが、しかし、それぞれを説明しないわけにもいかない。我々が目指しているのは、嗜好すなわち享受の快の周辺で展開されている議論を参考にしながら、それが何からどう区別されているのかを知ることだからである。

以下、四つの快の対象のそれぞれについて、簡潔な説明を試みよう。なお、説明の順序は論述の都合によるものである。

善いもの

先の引用で言われる善いもの（善）とは、高次の欲求能力の実現（②）である。それ

【表１】（カントの著作をもとに著者が作成）

	『純粋理性批判』 認識能力	『実践理性批判』 欲求能力	『判断力批判』 感情能力
能力の高次の実現	ア・プリオリな総合判断	② （端的に） 善いもの	① 美しいもの 崇高なもの
能力の低次の実現	ア・ポステリオリな判断 分析判断	③	④ 快適なもの： 享受の快

が快の対象の一つであるということは、善の実現が快をもたらすことを意味しているわけだが、当然、事態は極めて繊細である。

まず、一方で、道徳はいかなる快や満足をも排除して考えられなければならない。或る人間が満足を求めて意志決定を行うならば、それは道徳的とは言えない。というか我々は、たとえば、「他人に親切にすると気持ちがよくなる」という理由で他人に親切にしている人間を道徳的とは見なさない。その人間は気持ちがよくならないならば他人に親切にしないこともありうるのだ、道徳的であるとはそういうことではない、と、我々は自然にそう感じる。

以上の簡単な推論は図らずも、次の実に興味深い事実を意味してしまっている。我々は、どうしてなのかはよくわからないけれども、その人間の意志が満足のような他の動因によって決定されているのならば、その人間は道徳的とは言えないと考えているという事実である。[*5]

ある人間が道徳的だとみなされるのは、その人間が「こうするべきだからこうするべきなのだ」という仕方で自らの意志を自らで決定する時である、と我々は教わったわけでもないのにそう感じている。これが『実践理性批判』においてカントが「理性の事実」と呼ぶ有名な道徳法則についての意識である［Kant 2003, S.42／一六六頁］。「事実 Faktum」とは、どうしてなのかはよくわからないけれども、確かにそうであることを意味している。

道徳的であることがもたらす快

しかし他方で、だからといって道徳的であることが快と全く関係をもたないわけではない。

事実として我々の内に存在している道徳法則とは、カントが定式化した定言命法、「君の意志の格率〔行動方針〕が、つねに同時に普遍的立法の原理として通用することができるように行為しなさい」のことである〔Kant 2003, S.41／一六五頁〕。この法則の形式のみに沿って意志が決定される時、その意志は自律的であると言われる。意志が自らで自らを決定しているからである。

確かに、自律的である時、意志は満足や快を動因としていない。しかし、ジル・ドゥルーズの端的な言い回しを用いて説明するならば、「欲求能力は、法則によって決定される時、まさしくそのように決定されることによって満足を感じる」〔ドゥルーズ 二〇〇八、七九頁〕。

自分自身を決定する根拠が純粋に自分のうちだけにあることが、間接的に、或る種の満足をもたらすのである。「この快、この自分自身に対する愉悦が、行為の決定根拠となるのではなく、理性のみによってもっぱら意志を直接に決定することのほうが逆に快の感情の根拠となる」〔Kant 2003, S.157／二九三頁〕。

道徳法則によって実現される善は、したがって、快の対象である。「知的な満足」とも呼ばれるこの快は、概念としてこれを理解することはさして困難ではない。だが、現実においては大きな問題を提起する。

というのも、道徳的であることが結果としてもたらす快は、常に、意志の動機として誤解される危険性をもっているからである。カントはこの誤解、取り違えを「論点窃取の誤謬」と呼びながら、「きわめてこの種のことに経験豊かなひとでもこの錯覚を完全に避けることはできない」と断言している［Kant 2003, S.157／一九二頁］。

このような断言を見ていると、カント哲学が決して、かたい概念を使って頭ごなしに物事を決めつけるものではなく、徹底して人間の経験に沿うのを目指していることが分かる。しかし、だとしても道徳的であることがもたらす快は、概念として、意志の動機とは断固として区別されなければならない。そもそも、意志の動機が満足であったのならば、この「知的な満足」、善いものの結果としての快は訪れないのである。

善行の困難、不正の可能性

我々の内に道徳法則が事実として存在しているという主張は、「もし本当にそうであるならば、誰もが放っておいても善を為すはずだ」という素朴な疑問を引き起こす。もちろんそのようなことはあり得ない、と誰もが知っている。

快を論じた『判断力批判』の先の箇所では、道徳的感情は「自分自身のうちで感性について障害を感じながら、しかし同時に障害を克服することによって、感性に優る卓越性を自分の状態の変様として感じることができるような主観の規定可能性」と言われている［Kant 2001, S.137／上巻、一四四頁、§29一般的注解。強調は引用者］。

自らの状態の変様として卓越性を感じられるとは、まさしく善がもたらす快を言い当てた表現であろう。とはいえ、そこに到達するためには、自身のうちで、「感性」の次元での――いわゆる現実的な次元での――「障害」を克服しなければならない。障害が克服できない場合もあるのであって、ここに善行の困難がある。

人間は善行を為しえないだけでなく、不正を犯すこともある。不正を犯す人間についても、もちろん、理性の事実は同様に当てはまる。不正を犯した者は、良心の呵責という形でこの道徳的判断と向き合うことを強いられる［Kant 2003, S.133-135／二六四～二六八頁］。良心の呵責こそは、理性の事実を証明する事実に他ならない。

目的を自身のうちにもつ存在としての人間

道徳法則についての意識は我々につきまとっている。我々は逃れたくてもそこから逃れられない。これは先に、「他人に親切にすると気持ちがよくなる」という理由で人に親切をする人間についての簡単な分析で確認した通りである。

我々はつまり、自身のうちに、既に、自身のあるべき姿を事実として有している。我々は自分たちがどうあるべきかを既に知っている。これがカントの言う「最高目的そのものを自分自身のうちにもって〔いる〕」存在としての人間に他ならない［Kant 2001, S.361／下巻、二一六頁、§84］。

ここから次のような――驚くべき、と付け加えたいという気持ちを抑えきれない――結論が導き出される。

カントによれば、道徳的存在者である人間については、それはいったい何のために存在しているのかと問うことはできない［Ibid.／同前］。有り体に言えば、私は自分がなぜ生きているのかと問うことはできない。なぜなら、人間は自らの内に自らのあるべき姿、すなわち自らの目的を有しているからである。

人間は自らの内に目的を持ち、その目的から逃れることはできず、その目的の実現のために意志し、行為することを運命づけられている。

享受するだけの生

カント哲学はその評判通り、実に峻厳な認識を我々に求めているように思われるかもしれない。しかしここから思いがけず、本稿の主題である嗜好＝享受について、興味深い結論が導きだされる。

> ある人間がたんに享受する［genießen］ためだけに生きており、そのひとの現存が（そしてたとえ、そのひとがこの点ではどれほど熱心であろうとも）、それ自身である価値をもつことを、理性はけっして納得させられることはできないであろう。［Kant 2001, S.54／上巻、六二頁、§4。強調は原文］

人間に与えられている目的は、人間に、嗜好＝享受のためだけに生きることを許さない。どれほど熱心に嗜好＝享受しているのであろうとも、嗜好＝享受のためだけに生きることに人間の理性は納得しないだろう。当然である。それでは、事実として道徳的存在者である人間のうちに秘められている目的が達成できないからである。

だが、カントは享受することそのものを否定しているのではない。ここで否定の対象が、たんに享受するためだけの生き方であることに注意しなければならない。嗜好＝享受そのものをカントは排除していない。

峻厳な認識と並んで示されるカントのこの思想こそ、本稿の道しるべである。

美しいもの

次に快の対象としての美しいものについて考察しよう。

カントは何かを「美しい」と判断する働きを趣味判断と呼んでいる。[*6] 何かを美しいと判断する働きには何も特筆すべきものはないように思われるかもしれない。この判断の特殊性を知るためには、それをその周辺にある別の判断から区別しなければならない。

まず大切なのは、この趣味判断が必ず個別的な対象についての判断だということである。私が美しいと判断するバラは、「私が眺めるバラ」である［Kant 2001, S.64／上巻、七二頁、§8］。

「このバラは美しい」という判断は、このバラに対してのみ下される。だから、バラについての個別的な経験を積み重ねた人間が、「バラというものは一般に美しい」という判断を下したならば、それはもはや趣味判断ではない。これはバラ一般という概念から発せられた論理的判断である［Ibid.／同前］。

論理的判断は一般的であり、趣味判断は個別的である。ところが、趣味判断は一個人の個別的な経験のうちにひっそりと留まるのではない。個別的である他ないにもかかわらず、普遍性を要求するところに趣味判断の最大の特徴がある。

普遍性を要求するとは、「誰にとってもこの判断が妥当するはずだ」という確信を意味している。「このバラは美しい」という判断を下す時、私は、どうしてなのかはよくわからないけれども、「誰もがこのバラを美しいと判断するはずだ」と確信してしまっているというのだ。万人に対して、この判断への同意を要求してしまっているのである。

快適なものは私にとって好ましい

カントはこのことを次のような愉快な表現で説明している。

> もしも自分の趣味の良さを幾分自負するあるひとが、「この対象（われわれが眼前に見る建築物、あるひとが身に着けている衣服、われわれが聞いている奏楽、批評を受けるために提出された詩）は私にとって美しい」と言って、自分の正しさを弁明しようと考えたとすれば（〔快適の場合とは〕まったく逆に）、笑うべきことであろう。というのも、あるものがたんにそのひとだけを満足させるならば、かれはそれを美しいと呼んではならないからである。〔Kant 2001, S.60／上巻、六八頁、§7〕

引用箇所への訳者による挿入――「〔快適の場合とは〕」――から分かるように、美しいものと、本稿の主題である快適なものとの差異がここにある。

快適なものは全く普遍性を要求しない。快適であるものは、私にとって快適であり、私にとって好ましいのである（当然、カントがタバコを説明して使った「単に主観的」という表現が思い起こされる）。

この判断は、趣味判断と差異化するために感官判断と呼ばれている。「「このバラは（匂いが）快適である」という判断は、美感的なしかも個別的な判断ではあるが、しかし趣味判断ではなく、感官判断である」［Kant 2001, S.64／上巻、七二頁、§8］。

まとめればこうなる。美しいものについての趣味判断は、個別的であるという点で論理的判断から差異化され、また、普遍的であることを要求する点で、快適なものについての感官判断から差異化される。

論理的判断は一般性をもつが個別的ではなく、感官判断は個別的でしかありえず、普遍性を要求できない。それに対し、趣味判断は個別的だが普遍的であることを要求するという奇妙な性格をもつ。

美しさが与える快とは、このような奇妙な経験によってもたらされる快である。奇妙な経験がその根幹にあるからこそ、この快は高次の快として位置づけられる。それに対応する低次の快は、もちろん、快適なもののもたらす快である。

構想力と悟性の通常の働き

美しさを巡るこの奇妙な経験は、カントによって、構想力と悟性の「自由な戯れ」の中での両能力の「調和」として説明されている［Kant 2001, S.67-68／上巻、七六頁、§9］。その意味するところはやや複雑であるが、できる限り簡潔に説明するよう試みよう。

構想力も悟性も認識のための能力である。構想力は対象が現前していなくともその対象を直観する能力であり［Kant 1980, S.66／八三頁、§28］、また、直観された現実の多様なものを一つの表象へとまとめ上げる能力である［Kant 1998, S.225／上巻、一九五頁］。

悟性はというと、これは概念を扱う能力である。カントはそのことを説明して、「われわれは悟性を規則の能力として特徴づけることができる」と述べている。悟性はいつも現象を観察して、そこに規則を探し出し、概念を当てはめようとすることに「没頭」[*7]している［Kant 1998, S.230／上巻、一九九頁］。

現実は無限に多様であるから、感性によって直観された表象もまた無限に多様である他ない。したがって直観された表象を認識へと結びつけるためには、これを――悟性がもつ――何らかの概念に結び付けなければならないのだが、多様なものはそのままでは概念に結びつけることができない。

そこで構想力は、それを目撃したわけでもないのに或る型を作り出して多様なものを整理し、多様なものを一つの表象へとまとめ上げる。これを「図式化作用」という。

先にも述べた通り、ここで構想力と呼ばれているのは想像《イマジネーション》力のことである。図式化作用を担うのがなぜ想像力（構想力）なのかと言えば、現前しているわけではない図式（型）をこの能力が生み出す（想像する）からである。この想像によって、多様なものの一つの表象へのまとめ上げが可能になるのである。

悟性は直観されたものに対して、手持ちの概念を使ってなんとか規則性を与えようとする。構想力はこの悟性の働きをサポートする役割を担っているわけだから、構想力による図式化は、悟性による規則化を予想して行われる。つまり認識において直観する際、構想力は悟性に従わねばならないし、悟性もまた手持ちの概念のことを常に気にかけていなければならない。

構想力と悟性の自由な戯れ

先に述べた趣味判断における構想力と悟性の自由な戯れとは、構想力と悟性が、このような義務的な関係を逃れてしまった状態を指している。認識の場合には主従関係にある構想力と悟性が、その関係を離れて自由に振る舞っているのだが、それにもかかわらず両者の間に「調和」が生じている状態である。

では、調和とはここで何を意味しているのだろうか。そのプロセスを見てみよう。

強く心を打つ外部の対象（たとえばバラ）を前にした時、構想力が突如、対象に対する反省――対象を凝視したまま行われる深き内省のようなこと――を始めてしまう場合がある。この場合に構想力は、しばしば、認識に携わっていた時のように悟性に命じられたわけでもないのに、図式化を担当していた際の振る舞いを思わせる身振りで、何らかの形象（対象についての諸々の表象の一つの総合）を生み出してしまう。

毎度毎度そのようなことが起こるわけではないのだろうが、時に、それを傍で見ていた悟性がその形象の中に規則性を見出すことがある。手元のどの概念にも一致しないのに、なぜか、構想力が自由に作り出した形象の中に、概念が持っているような規則性が見出されてしまうのだ。

この時、悟性は、自分が命じて提出させたわけでもない構想力の産物になぜか合法則性が見出されることを喜ぶ。また構想力の方も、悟性によって自らの産物が受け入れられたことを喜ぶ。「趣味判断は、自由のうちにある構想力と、合法則性をともなう悟性とが相互に活気づけることのたんなる感覚に基づ〔く〕」[Kant 2001, S.165／上巻、一七二頁、§35。三つ目の強調のみ引用者]。

事前の打ち合わせなしで実現したこのコラボレーションこそがここに言う調和である。この調和が心の全体に大きな快を与えるのである。

目的なき合目的性

美しいという判断がなされる際には、想像力（構想力）が実に盛んに働きをなしている。しかし、それだけではこの判断は成立しない。概念を司る悟性による知性的な働きもまた欠かせない。つまり精神の自由奔放な働きだけでは美しいという判断は生まれない。

ここで注意しなければならないのは、悟性が介入しているからといって、悟性は普段のように構想力の産物を概念の下に置いているわけではないということである。カントはこれを指して、「構想力が概念をもたず図式機能を営む」という言い方をしている[Kant 2001, S.165／上巻、一七一～一七二頁、§35]。

「概念なしの図式化」はカントが一度だけ口にした、しかし、大変有名な定式である。但し、そもそも図式化は概念に向けて行われるものであるのだから、ここでのカントの言い方はあくまでも比喩的なものとして理解されるべきであろう。先に「形象」という曖昧な言い方を使ったのは、概念なしの図式化のもたらす産物を指す言葉がどうしても必要だったからである。

では、概念がないにもかかわらず、ある表象が合法則的と感じられるとはどういう状態であろうか。それは、どうしてなのかはよくわからないけれども、「これはそうあるべきだ」と言うための根拠がないにもかかわらず、「これはそうあるべきだ」としか思えないという状態に他ならない。

その根拠となる概念は決してあらかじめ与えられることはない。言い換えれば、この条件を満たせば美しさが実現される、そんな条件は考えられない。[*8] そうあるべきだと言いうる根拠がないのにそうあるべきだと感じてしまう状態。この逆説的な状態を説明してカントは、「目的なき合目的性」と言う。

先に善の概念を通じて説明した通り、目的とは端的に、もののあるべき姿を意味している。或る対象がそのあるべき姿（目的）に一致する時、その対象は合目的的である。ところがカントは、「合目的性は、目的がなくても存在することができる」と言う［Kant 2001, S.71／上巻、七九頁、§10］。

この驚くべき状態こそ、我々が何かを見て「美しい」と判断するたびに起こっていることなのである。美しい対象は、そのあるべき姿を示す概念、すなわち目的をもたないにもかかわらず合目的的である。

崇高なもの

三つ目に扱うのは崇高なものである。

古代以来、弁論術や修辞学の領域で論じられてきた崇高は、ちょうどカントが生きた十八世紀ごろから自然に対して適用されるようになった。カントはイギリスの思想家バークが『崇高と美の観念の起源についての哲学的考察』（一七五七年）で展開した崇高論を批判的に継承する形で『判断力批判』において崇高を論じ、後世の美学に大きな影響を与えた。

二十世紀後半には、崇高論が特にその政治的含意において盛んに論じられることとなった。もちろん本稿は、崇高についてのそうした豊富な研究の蓄積を渉猟することはできないし、またそれは本稿の目指すところでもない。以下の記述は、できる限りコンパクトにカントの議論を要約する試みに過ぎない。

カントの崇高論は、崇高の原理を、美との差異において明らかにすることに主眼を置いている。既に見た通り、美は構想力と悟性の調和的な働きに基づいていた。崇高の場合に問題となるのは、調和ではなくて不調和であり、悟性ではなくて理性である。

崇高とは一言で言えば、我々を圧倒するような「物凄い」ものに対して我々が抱く感情のことである［Kant 2001, S.107／上巻、一一四頁、§23］。たとえば、アルプスのような、物凄く大きな氷に覆われた山岳。あるいは、暴風雨の際に、物凄く激しく荒れ狂う大洋。

そのようなものを目撃した時、我々は圧倒され、自らの無力を思い知りつつも、何か不思議な満足感を得る。それが崇高である。

構想力の挫折

崇高の感情が主観のうちに発生するメカニズムは次のようなものだ。

「物凄い」ものに出会うと、構想力がいつものように、感性が送り届ける直観された表象を次々に把握しようとする。ところが、ここで問題が起きる。対象があまりにも「物凄い」――要するに物凄く大きい――ので、送られてきた表象を次々に把握することはできても、その全体を総合することができないのである［Kant 2001, S.106-107／上巻、一一三〜一一四頁、§23］。

構想力は自身では処理不可能な無理難題を押し付けられている。暴力を受けていると言ってもいい。美の判断の時には構想力は自由に振る舞うことができたし、自らの産物を悟性に受け入れてもらえるという喜びもあった。ところが今や何らの総合も行えないのだから、悟性の力を借りることもできない。悟性は脇で呆然と佇み、構想力は自らの限界に突き当たる。ここで心は全体として不快さを感じることになる。

打ちひしがれた構想力は、ふとその時、少し離れたところで奇妙なまでに熱心に何事かに取り組んでいる或る能力に気がつく。理性だ。理性の担当は普段は推論である。その理性が何かを手にしている。理性が作り出したもののようだ。なんだろうか。構想力は目を凝らす。理性もまた、構想力の視線に気がつく。理性は黙ったまま、自らの手の中にあるものを構想力に向ける。理性が手にしていたのは、「理念」だった。

理念とは、認識されることはできないが、「確かにそのようなものがある」と考えることだけはできる、そうした概念だ。理性はこの理念を使って、主観を圧倒する対象についても、なんとかしてその全体を把握しようとし始めていたのだ。

それは構想力には到底為し得ぬわざであった。構想力は感性から届けられる表象を次々に把握して、その全体をまとめ上げることはできる。だが、そのスキルでは理念のようなものには到達できない。

ここで構想力は自分が理念のような「絶対的全体」に適合できないことに無力感を味わう。いつも熱心に悟性のもとで図式化に携わり、時に悟性の概念なしで図式化まで行う構想力は、自らの職務に自負をもっている。それが打ち砕かれたのである。

構想力の奮起

しかし、構想力はそのままフヌケで終わるのではなかった。普段から感じている、自らの職務への自負は決して無駄ではなかったのだ。なぜならば構想力は、負けるもんかという強い決意を抱くことになるからだ。構想力は、「法則としての理念との適合を実現すべきであるという自分の使命」をも同時に感じるのである［Kant 2001, S.123／上巻、一三〇頁、§27］。

もちろん構想力には理性に対する反発もある。理性の側にも構想力の不甲斐なさへの反発がある。両者はある意味で「抗争状態」に陥っている［Kant 2001, S.125／上巻、一三二頁、§27］。

だが、この一連の過程を総体として捉えてみるとどうか。構想力は一度は挫折しながらも自らの使命を確認するに至った。理性は自らの能力を存分に発揮しようとしている。実はこの挫折と抗争を通じて、構想力や理性が働いている職場であるところの心は、全体としては活気づけられているのである。

その結果、人間の主観は次のように感じることになる。確かに我々は自然を前にすればちっぽけな存在だ。だがこのちっぽけな存在の内には、自然によっても決して傷つけられない「人間性 Menschheit」、それどころか自然に優る卓越性が存在しているのだ、と［Kant 2001, S.129／上巻、一三六頁、§28］。

人間の心の中で起こる一人芝居のようなこの過程は、我々人間の内側に秘められている力を呼び起こす。構想力の奮起によって、心という職場にもともと掲げられていたスローガン、すなわち人間の目的が再認識されるのだ。

崇高の合目的性

崇高を通じて再確認される我々の内なる人間性は、先に見た道徳性を含んでいる。つまり、この一連の混乱に満ちた業務過程を通して、人間は自らのあるべき姿、人間の目的を再確認するのである。それ故、崇高もまた、結局は合目的的だと表象される。

但し、美の場合の合目的性とは事情は異なっている。美の場合にはそもそも合目的性を感じさせる対象が外部に存在していたし、その対象が合目的的であった。

それに対し崇高の場合、「物凄い」光景そのものは到底、合目的的であるとは言えない。そのような光景を前にしても、我々は「確かにこうあるべきだ」などとは思えない。だからカントは自然の光景そのものが崇高であるわけではなく、真の崇高性は判断者の心のうちにのみ求められなければならないと念を押している［Kant 2001, S.121／上巻、一二八頁、§26］。

しかし、我々はどうしても取り違えをしてしまう。この取り違えをカントは次のように説明している。「われわれの主観のうちの人間性の理念に対する尊敬を客観に対する尊敬と取り違えること」［Kant 2001, S.123／上巻、一三〇頁、§27］。これは人間にとって避けがたい取り違えである。

私を圧倒する対象に出会うという不快で非合目的的な経験を前にした時、私の心が頑張りを続けている限りで、そこに崇高の感情が生まれる。ならば、ある意味では不快も非合目的性も、乗り越えられたわけではなくて確かにそこに存在し続けているとも考えることができる。崇高の感情には、何かスッキリしないところが本当はあるはずなのだ。

崇高はしたがって、快をもたらす不快、不快ではあるが快でもある感情という意味で——高次の快である美に対して——高次の不快と位置づけることもできるかもしれない。[*9]また、確かに人間のもつ力に気づかせ、そのあるべき姿を再確認させるという意味では合目的的であるが、そもそもは非合目的的な経験によってもたらされたのであるし、構想力と理性の「抗争」——不一致——も未解決のままなのだから、崇高の感情の合目的性は、矛盾をはらんだ合目的性と呼ぶことができるだろう〔リオタール 二〇二〇、一九九頁〕。

しかし、先に述べた取り違え故に、この矛盾を認識することは難しいと言わねばならない。おそらくは崇高の感情が圧倒的な経験であるためだろう、我々は主観的に感じられたにすぎない崇高の感情を、自然の対象へと投影してしまう。確かに崇高の感情はその光景に対する判断として現れるのだから、取り違えは避けがたい。[*10]ただ、いずれにせよ、崇高の感情が合目的的であり、高次の感情能力の発現であることに変わりはない。

快適なもの

改めて確認しておくと、我々がそもそも目指していたのは、快適なものの周囲に配置された善いもの、美しいもの、崇高なものの三つを概観することで、快適なものがそれら三つとどのように異なるのかを明らかにすることであった。カントによれば快の対象はこれら四つしかない。ならば他の三つと比較することで、快適なものはより鮮明にその姿を現すはずである。

まず確認しておきたいのは、そもそも高次の快を定義しようとするカント自身、快適なものは満足を与えるものであり、満足を与えるものは快適なのだから、この堂々巡りの水準に定位している限り、諸々の快の対象を峻別することは不可能だとの問題意識から出発していることである。

『判断力批判』では本論が始まってすぐ、第三節においてこの問題が言及されている。

快適であるのは、感覚のうちで諸感官に満足を与えるものである。〔…〕したがって満足を与えるものはすべて、それが満足を与えるというまさにこの点で、快適なのである。〔…〕ところが、このことが認められるとすれば、傾向性を規定する諸感官の諸印象も、意志を規定する理性の諸原則も、あるいは判断力を規定する直観のたんに反省された諸形式も、快の感情に及ぼす結果に関しては、まったく同じことになろう。

［Kant 2001, S.50-51／上巻、五八～五九頁、§3］

この引用の中で、「傾向性を規定する諸感官の諸印象」は快適なものを、「意志を規定する理性の諸原則」は端的に善いものを、「判断力を規定する直観のたんに反省された諸形式」は美しいものを指している。まだ論述が始まったばかりで述語が明確に規定されていないから、このような言い方になっているのである。

カントは日常的に「楽しい」「好ましい」「嬉しい」「喜ばしい」などと曖昧な言葉遣いで指示される様々な状態の坩堝《るつぼ》とも呼べるものの中から、快の対象を取り出し、弁別しようとしている。

快適さが善と美に並んで出てきていることは示唆的である。四つの快の対象のうち、快適さを定義するにあたって特に注意しなければならないのが、善および美との差異だからである（崇高は高次の不快として定義することも可能であるから、快適さとの違いは明白である)。

以下では、美しいものおよび善いものとの違いに注目しながら、快適なものの輪郭を描いていきたい。

快適なものと美しいもの

美しいものと快適なものとの差異は『判断力批判』において最も有名な論点の一つである。美しいものについての説明の中で既に言及したけれども、改めて別の角度から検討してみよう。

目の前のバラについて私が「このバラは美しい」という判断を下す時、その判断は、「このバラは私にとっては美しい」という意味ではあり得ないのだった。美の判断は、全ての人間がこれに同意することを要求する。私はこの判断を下す時に、「誰もがこのバラを美しいと思うはずだ」と確信している。

同じことが次のような言い方でも説明されている。すなわち美の判断については、「各人はそれぞれ特殊な趣味をもつ」と言うことはできない［Kant 2001, S.60／上巻、六九頁、§7］。美の判断においては、個々人に固有である特殊な趣味ではなくて、普遍性を要求するような趣味が問題となるからだ。

それとは対照的な仕方で説明されるのが、快適なものである。そこでは、個々人に固有である特殊な趣味こそが問題になる。したがって、説明は次のようになる。

> 快適なものに関しては、各人はそれぞれに固有の趣味（諸感官の）をもつという原則が妥当する。［Kant 2001, S.60／上巻、六八頁、§7。強調は原文］

この断言は、ここまでの説明が理解されていればすんなりと受け入れることのできるものだ。快適なものは、「私にとって快適」なのである。ここには何か特筆すべきものはないようにも思われる。

しかし、快適さから美へと次元を登っていくのではなく、美から快適さへと次元を下りながらこの「原則」を読んでみると、次元の低い快と見なされている快適なものがもつ、普段はあまり注目されない、別の側面が見えてくるように思われる。

各人に固有の趣味

まず用語について説明をしておく。先に美しいものについて説明した際には、美しいものについての判断を趣味判断、快適なものについての判断を感官判断と呼んだ。カントは確かに「趣味」という語を美しいものに対応させることで、これを快適なものから区別することがある。

だが、カントは同時に、「趣味」という語をより広く、日常的な用法に即して用いることにも躊躇はなく、たとえば、快適なものについての趣味判断を感官趣味、美しいものについての趣味判断を反省趣味と呼ぶこともある［Kant 2001, S.62／上巻、七〇頁、§8］。快適なものについても「趣味」の語を用いた先のような断言が可能であるのはそのためである。

さて、快適なものについての判断から美しいものについての判断へと話を進める時、前者は確かに後者より劣ったものに見える。何しろ美しいものについての判断は普遍性を要求するのだから。したがって快適なものは人それぞれであるという原則は、美しいものへと話を進めるための、特段注意を払う必要もない踏み台のようなものに思われてしまう。しかし、逆の方向で話を進めるとどうだろうか。

何が快適であるかが人によって異なるのだとすれば、快適さについての判断とは人間が互いに違っていることの一つの根拠である。快適なものについての判断は、その意味で、それぞれの人に固有の好み、もっと言えば、個性のようなものと結びついている。ならば、誰かにとって快適であるものを大切にすることは、その人の好み、その人の個性、その人の人となりを大切にすることであろう。

するとここから次のような問いかけが生まれてくる。

先の原則は、快適なものについて、各人に固有の趣味があることを当然のこととして前提としている。美しいものについての判断との差異を述べた箇所なのだから、それは別段おかしなことではない。

だがここで、確かに各人に固有の趣味はあるのに、それが、人の数だけ固有の趣味があることを意味しなくなる事態について考える必要はないだろうか。快適なものについての趣味判断が普遍性を獲得するという意味ではない。快適なものについての非普遍的で個別的な判断を、万人が同じ対象に対して下す事態のことである。現代社会の中で享受の快について考察している本稿にとってこの問いは欠かせない。この問いには最後に戻ってくることにしよう。

快適なものと善いもの

次に取り上げるのは、善いものと快適なものの関係である。この関係において考察される時、実にたわいない概念とも思われた快適なものは、意外にも複雑な様相を呈する（話をなるべく分かりやすくするために、再び、表1〔43頁〕の象限番号を適宜挿入する）。

まず指摘しなければならないのは、カントが二つの善いものを区別しているということである。その二つとは、「それ自体として善いもの」（②）と、「何かのために善いもの」（③――快の観点から見た時に空欄であった象限）である〔Kant 2001, S.52-53／上巻、六〇頁、§4〕。

前者はそれだけで満足を与える「端的に善いもの」、後者は手段としてのみ満足を与える「有用なもの」、あるいはもっと簡単に、「直接的に善いもの」、「間接的に善いもの」とも呼ばれている［Kant 2001, S.53-54／上巻、六一〜六二頁、§4］。

快の対象は四つしかないという断言において取り上げられていたのは、「端的に善いもの」であり、これは既に見た通り、欲求能力の高次の実現（②）を指している（それ故に、「善いもの」についての先の説明ではこれだけを扱ったのである）。それに対し、「有用なもの」「何かのための手段として善いもの」は、欲求能力の低次の実現（③）に対応する。

善いものはいずれも「満足」を与えると言われている［Kant 2001, S.52-53／上巻、六〇頁、§4］。ところが、「快」の対象として取り上げられたのは、端的に善いもの（②）だけだった。したがって、満足の概念は快の概念とかなりの部分で重なっているけれども、満足の方が緩やかで、より広い概念であることが分かる。[*11]

とにかく重要なのは、端的に善いもの（欲求能力の高次の実現）と、手段として善い有用なもの（欲求能力の低次の実現）とが、前者（②）が結果として与えるのは快だが、後者（③）が結果として与えるのはそれではないという仕方で、明確に区別されているということである。

そして、快適なもの（④）は、意外にも、端的に善いもの（②）と一緒に、四つの快の対象に含まれていた。

意外というのは、快適なものは感情能力の低次の実現（④）であって、その点だけを考えれば、むしろ欲求能力の低次の実現（③）、すなわち、手段として善い有用なものと並ぶようにも思われるからである。

とはいえ、その理由をこの時点でさしあたって述べておくならば、それは、端的に善いもの（②）も快適なもの（④）も、そして更には美しいものおよび崇高なもの（①）も、それだけで直接に満足を与えるという点で共通しているからである。[*12]

欲求能力の低次の実現とは

快適なものが、快の対象であるという点で、端的に善いもの、美しいもの、崇高なものの仲間に選ばれていることを考えると、更に意外であるのは、快適なもの（④）が、間接的に善いもの、すなわち、手段として善い有用なもの（③）と強く結びついていることである。どういうことか。慎重に検討を進めよう。

カントは「快適なものは感受的に条件づけられた（刺激による、stimulos）満足をともな」うと述べている［Kant 2001, S.55／上巻、六四頁、§5］。

ここで新しい用語の説明が必要である。引用した邦訳で「感受的」と翻訳されている語は、pathologisch である。この語は、欲求能力の低次の実現（③）を指すために用いられる語である。この語の翻訳の仕方自体が問題となるので、さしあたりこの語は翻訳しないままにしておく。

カントによれば、低次の欲求能力によって行為している時、我々はいつも pathologisch である。この語は『実践理性批判』の本論が始まってすぐに現れる［Kant 2003, S.54／一四五頁］。この形容詞が低次の欲求能力（③）を定義するものであることが容易に見て取れる箇所を引用してみよう。今断った通り、この形容詞を敢えて翻訳せずに引用してみる。

その場合〔実践的規則の形式のみによって意志を決定することができる場合〕にのみ、理性は、それ自体で意志を決定する（傾向性〔性向〕に仕えるのでない）かぎり、真の高次の欲求能力であり、pathologisch に決定される欲求能力を従属せしめ、こうして、現実に、さらにいえば種として、低次の欲求能力から区別される。［Kant 2003, S.31／一五四頁。最初の〔　〕による挿入は引用者。「上級」「下級」を「高次の」「低次の」に変更。また強調は原文ママ］

欲求能力の低次の実現とは、快の観点から見た時に空欄であった象限（③）である。欲求能力の低次の実現が何を指すのかを理解するのはたやすい。カントはこれを、「あらかじめ設定した何らかの目的を達成するのに役立つから善い」という理由で何事かを為すことと定義している［Kant 2016, S.12／一四頁］。

道徳法則の形式（定言命法）にしたがってただ善を為す（②）のではなくて、幸福とか「生存と安楽な暮らし」［Kant 2016, S.13／一五頁］といった内容を目的としてあらかじめ設定して、それら――おそらくは自分にとって――善いことを達成しようとする場合に、我々は低次の欲求能力（③）を発揮している。

これは実にありふれた事態である。たとえば、「将来、いい会社に入りたい」と思って受験勉強を頑張るのはこれに当たる。我々の日常の行為のほとんどすべてがこれに該当する。

第三象限と第四象限の結びつき

快適なものを説明するにあたってカントがあげる最初の例は、「カナリア諸島産のワイン」である［Kant 2001, S.59／上巻、六七頁、§7］。この例を使って、第三象限と第四象限との結びつきについて考えてみよう。

このワインを楽しんでいるのならば、その人にとってこのワインは快適なもの（④）である。そこにあるのは享受の快だ。

しかし、もし一日の労働の疲れを癒やしたいと願っている人が、癒やしの有用な手段としてワインを探し求めていたとしたら、その人は pathologisch に行為している。この行為はワインの摂取を目的とする低次の欲求能力の実現（③）である。

快適なものは、低次の欲求能力にとっては、享受のための手段であるから、それが、有用な手段を善いものと見なす低次の欲求能力の対象となるのは必然である。そして低次の欲求能力の実現（③）は、目的達成の満足を伴っているだろう。快適なものが「感受的に条件づけられた満足をともな」うとは、そのような意味である。快適なもの（④）は、間接的に善いもの、すなわち、手段として善い有用なもの（③）とこのようにして強く結びついている。

ならば、快適なもの、享受の快（④）は、本当は、第三象限に位置づけられるべきなのだろうか。それはあり得ない。快適なものは、直接に満足を与える快の対象として、快の四つの対象の一つに数え上げられていた。第三象限に位置づけられるのは、間接的に満足を与えるものであり、快の四つの対象からは除外されている。両者は明確に区別されなければならない。

第三象限と第四象限の区別

間接的に善いもの（③）についての考察は、「直接に満足を与える」という四つの快の対象（①②④）の性質について、新しい説明をもたらしてくれたように思われる。直接に満足を与えるとはどういう意味か。それは満足を与えるための手段が問題にならないという意味である。

だとすれば、いま問題になっている第三象限と第四象限の関係についても次のように考えることができるだろう。

低次の欲求能力（③）はあらかじめ設定された目的に手段として役立つものを善いものとして表象する。たとえば疲れを癒やしたい時、ワインを口にすることはその手段として善いものと表象される。

しかし、我々は同時に、低次の欲求能力（③）の表象の対象としてではなく、そこから独立したものとして、快適なものの享受がもたらす快そのものについて考えることが出来る。直接に満足を与えるものとしての快適なものである。

既に述べたように、ワインで疲れを癒やそうという目的を持った者が、実際にワインを口にしたならば、その瞬間、目的達成の満足が得られるであろう。しかし、目的達成の満足は、ワインの味を享受することで得られる快とは全く別である。

ワインをおいしいと感じている時の享受の快が目的達成の満足と混じり合うことはあるかもしれない。また、享受の快があるはずのところで、それが目的達成の満足に取って代わられていることもあり得るであろう。だが、両者は別物である。

ワインの味がもたらす享受の快は、ただ単においしいということの享受であって、目的からも手段からも独立しているし、独立して考えられるし、独立して考えられねばならない。

したがって、欲求能力の低次の実現（③）がもたらすpathologischな満足と、快適なもの（④）を享受する快とは、単に時間的に、すなわち、前者がまずあってその後に後者が訪れるという意味で区別されるのではない。両者は概念的に区別されねばならない。間接的に善いもの（③）は常に目的と手段の概念を含んでいるが、直接に満足を与える享受の快（④）はそれらの概念を含んでいないからである。

これは言い換えれば、目的や手段の概念、あるいは目的-手段の連関が混入してしまうと、快適なものは快適なものではなくて、間接的に善いものになってしまうということである。

もう少しかみ砕いて言えば、行為が目的意識に満たされている時、快適なものを享受するはずの行為は、手段として有用なものに変容してしまう。享受の快は訪れず、単に目的達成の満足だけが残る。目的‐手段連関を持ち込んだとたん、享受の快は享受の快ではなくなると言ってもよい。

目的から自由である快適なもの

享受の快は、目的から自由な快適なものの存在を前提としている。その存在の可能性こそが、第四象限を第三象限から区別する。これについて、カントは非常に印象的な例を挙げている。

健康は、これを所有するどのひとにとっても直接に快適である（少なくとも消極的に、すなわちすべての肉体的な苦痛を取り除くこととして）。しかし、健康は善いものであると言うためには、さらに健康を理性によって諸目的へと差し向けなければならない。〔Kant 2001, S.54／上巻、六二頁、§4。傍点は引用者〕

健康という例を通じ、目的から自由な快適なものの存在が明確に肯定された箇所である。健康であることは単に快適であり、健康は直接に人に満足を与える。健康を享受することもまた享受の快である。健康である時、人は単にそれを快適なものとして享受している。

　ところが我々は、「健康は善いものである」と言うことがある。その時、我々はいったい何をしているのか。カントによれば、その時、我々は健康を目的へと差し向けている。もともとは目的から自由であった快適なものである健康が、目的として設定される。すると途端に目的‐手段連関が登場し、健康のために、生活の中の様々な事柄が手段と見なされることになる。

　その場合、健康の実現は目的達成の満足を生むだろう。健康という快適なものを享受する快も残ってはいるだろうが、健康であることそのものの快適さという経験はもはや、善いものという目的によってどこか不純なものにされてしまっている。単に健康だから快適であるはずなのに、そこに、「私は健康を達成しているぞ」という目的達成の満足が入り込んでいる。

　健康の例は実に興味深い。ワインを飲むという行為には一回性があるが、健康は絶えざる維持を要求するからである。健康という快適なものがひとたび目的へと差し向けられるや、あらゆるものが目的達成のための手段と見なされていき、日常が手段に満たされていく事態が容易に想像できる。

四つの快の対象の関係

ここで再び表1（43頁）に戻り、四つの快の対象の関係を考えてみよう。本稿の論述に不必要な部分は省き、更に、ここまでに得られた成果を付け加えたのが表2である。先の表と同様、快の四つの対象には下線を引いてある。

『判断力批判』第三九節「感覚の伝達可能性について」は四つの快の対象を相互に比較しながら、それらの関係を論じており、これら快の対象についての総括的なまとめとして大いに参考になる［Kant 2001, S.171-173／上巻、一七七〜一七九頁、§39］。この箇所に基づいて、改めて、第四象限が他の象限と持つ関係を見ていこう。

第四象限と第一および第二象限との関係

【表２】（カントの著作をもとに著者が作成）

	『実践理性批判』 欲求能力	『判断力批判』 感情能力
能力の高次の実現	② 端的に善いもの： 道徳的存在者としての人間の目的 形式（定言命法）	① 美しいもの： 目的なき合目的性 崇高なもの： 人間性という目的
能力の低次の実現	③ 間接的に善いもの： 設定された目的にとって 手段として有用なもの 内容（生存、安楽な暮らし等） 目的–手段連関	④ 快適なもの： 享受の快

同箇所では、快適なものがもたらす快が、改めて「享受の快 die Lust des Genusses」と定義されている。享受の快については、「人間には相違がある」。すなわち、人によって何を快適ないし不快適と感じるかは大いに異なる。快適なものはその意味でその人の個性と強く結びついている。これは既に快適なものについての趣味の原則として認識したところである。

重要なのは、この快が感官を通じて心の内に入り込む際、我々は「受動的 passiv」であるから、これは享受の快なのだと説明されている点である。確かに享受の快（④）は、pathologisch である他ない欲求能力の低次の実現（③）と強く結びついているのだった。しかし、そうだとしても享受の快そのものはそこから区別されねばならない。享受の快はむしろ受動的と形容されねばならない。

それに対して、端的に善いものが与える快（②）は、当然ながら享受の快（④）のように受動的ではなくて、「自発的活動」の快、いわば能動的な快である。理性の事実として我々が有する理念、目的と我々の行為が一致することで得られる快だ。そしてここで改めて確認すると、カントにおいて「目的」とは、「物があるべきであるもの」を意味する［Kant 2001, S.81／上巻、八八頁、§15］。

崇高なものがもたらす快（①）は、「理性的な観照の快」であるが、ただし、「超感性的使命の感情を前提する」。超感性的使命とは道徳的使命のことである。崇高なものを感じた時、人間が結果として自らのあるべき姿、人間の目的を再確認するのは、そのような道徳的使命を人間がそもそも内蔵しているからであった。

最後に、美しいものがもたらす快（①）は、「たんなる反省の快」である。崇高なものと同じ象限（①）に位置するけれども、崇高さとは異なり、この快は「およそ目的ないし原則を基準と」しない。しかし、にもかかわらず、美は合目的なのだった。あらかじめ目的は与えられていないのに合目的的であるという感覚、「これはこうあるべきだ」と、あるべき姿が自然に思い描かれる様、目的なき合目的性、それが美なのだった。

　こうして先に快適さについて確認した結論が、また別の角度から再確認される。すなわち、四つの快の対象の中で、快適さだけが、目的からも合目的性からも自由である。享受の快は、四つの快の対象の中で、唯一、目的からも合目的性からも自由な快である。

　享受の快が目的からも合目的性からも自由であるとは、この快が、いかなる「べき」からも自由であることを意味している。これが第四象限（④）と、第一および第二象限（①②）との決定的な違いである。

　カントはこのことを「享受への拘束性というものは、明白な不合理である」という言い方でも説明している［Kant 2001, S.55／上巻、六三頁、§4］。たとえば、食事に見いだすことの出来る目的の一つは栄養摂取であろうが、栄養摂取という目的のために食事をしていて、食事が楽しめるだろうか。あるいは、「私はこの食事を享受するべきだ」などと思いながら、食事を楽しむことができるだろうか。享受の快は受動的なのであって、「べき」が入り込むやいなや、享受の快は享受の快ではなくなってしまうのだ。

第四象限と第三象限との関係

以上の確認から、今度は第三象限、すなわち欲求能力の低次の実現についても新たな知見が得られるように思われる。

間接的に善いもの（③）もまた目的をもつけれども、その目的は、第一および第二象限（①②）のそれとは全く性質を異にする。なぜならば、端的に善いもの（②）も、美しいものおよび崇高なもの（①）も、手段とは無関係だからである。欲求能力の低次の実現（③）を特徴付けるのは、目的というよりも手段と言うべきである。あるいは、目的-手段連関と言ってもよい。

これによって第三象限は他の象限から決定的な仕方で区別されている。端的に善いもの（②）、美しいものおよび崇高なもの（①）、そして快適なもの（④）が直接に満足を与えると言われるのは、そこに手段が介在しないからだった。それらはいずれも手段性から自由である。間接的に善いもの（③）だけが手段にとらわれている。

第一、第二、第四象限には、手段性にとらわれていないという共通性がある。低次に位置づけられている快適なもの（④）が、にもかかわらず、端的に善いものとか美や崇高（①②）といった高次に位置づけられるものと並べられていたことの根拠の一つはここにある。

第三象限と第四象限の区別、再び

ならば、強いつながりを持っている第四象限と第三象限の関係も改めて定義することができるだろう。

第四象限と第一および第二象限との比較において指摘できるのは、第四象限がいかなる目的ないし合目的性からも、いかなる「べき」からも自由だという点であった。

また先には、第四象限は、あくまでも第三象限に位置づけられる目的達成の満足からは区別されねばならないという点に注目した。

いまや、第四象限と第三象限とを比較する際に注目せねばならないのは、第四象限がいかなる手段とも無関係であるという点だと思われる。

第三象限が快の対象に数え上げられておらず、第四象限（能力の低次の実現）が、第一および第二象限（能力の高次の実現）と同じ用語で説明されたことの意味は極めて大きいと言わねばならない。カントは欲求能力の低次の実現（③）がもたらす結果を、その他の象限とは全く区別して考え、特に、感情能力の、同じく低次の実現である享受の快（④）から区別して考えていた。

　これは驚くべきことではなかろうか。第四象限には理性は全く関わらない。それどころか、「快適さは、理性のない動物にも妥当する」とすら言われている［Kant 2001, S.56／上巻、六四頁、§5］。快適なものを享受している時、我々は理性を使っておらず、動物が何かを享受しているのと変わらぬ状態にあるわけだ。

　人間がどこか動物に通ずる面をもつことに驚きはない。人間も理性をもたない動物と似た行為をすることがあるというに過ぎない。驚くべきは、カントがそれを能力の高次の実現の二つ、すなわち第一および第二象限と同じ用語で説明し、また第三象限とは極めて密接な関係をもっているにもかかわらずそこから――目的および手段の概念によって――区別したことである。

享受の快が手段にされる時

第四象限がいかなる手段とも無関係であり、いかなる目的‐手段連関からも自由であることは重大な帰結をもたらす。

繰り返すが、快適なもの（④）が低次の欲求能力（③）によって有用と表象され、その到達目的にされるという意味で、第四象限と第三象限は確かに強い結びつきを持っているが、快適なものを享受する経験は、概念的に、欲求能力の低次の実現からは区別されねばならないのだった。

しかし、そもそも強い結びつきをもっているのだから、両者が現実に区別されなくなる事態は容易に想像できるし、容易に起こりうる。それはいかなる事態か。ここまでの分析から次のような言い方ができるであろう。欲求能力の低次の実現と享受の快との区別がなくなり、享受の快が消えてしまう事態とは、快適なものが手段にされる事態に他ならない。

カントが快適なものの例としてあげていたワイン、すなわちアルコール飲料はそのような事態を想像するのに最も適した例の一つである。アルコール飲料はそれを好む人に享受の快を与える。しかし、もしもそれが酩酊するための手段となったらどうか。低次の欲求能力によって、酩酊のために有用な手段としてそれが求められる事態。簡単に言えば、酔うために飲むこと。そのとき、人はアルコール飲料がもたらすはずの享受の快をもはや享受できない状態に陥っている。

病的になること

ここで先に翻訳せぬままにしていた pathologisch という語に再び注目してみたい。この語は欲求能力の低次の実現を形容するものであることは先に述べた。この語はもちろん英語の pathological に対応しており、少なくとも現代の語感を日本語に移し替えるならば、「病的な」と翻訳できる。

もしもこの語をこのような意味で受け取るならば、カントは実に強烈な主張をしていることになる。人間が道徳的な善を全うすることなど稀であり、我々は日常生活において、概ね、低次の欲求能力を実現しつつ生きている。カントはそのような我々の日常のあり方をおしなべて「病的」と言っていることになる。

この点に注目しながら、『実践理性批判』を——ラカン派精神分析と比較しつつ——論じたのが、アレンカ・ジュパンチッチである。彼女は次のようにはっきり述べる。

カントは「病的なもの」という言葉により、倫理的ではないすべての物事を指しているのであるが、我々は、これが「正常なもの」という概念の対立項ではないことに注意しなくてはならない。これは全く逆で、カントが言うには、我々が日常的に行う「正常な」行動自体、常に多かれ少なかれ「病的」である。〔ジュパンチッチ 二〇〇三、二二頁〕

カントによれば我々の日常生活は多かれ少なかれ「病的」だということである。

十八世紀に生きたカントが使っていた pathologisch という語を単純に現代におけるその意味から理解することには慎重でなければならない。岩波版カント全集の翻訳では、「感受的」「生理的心理的」「受動的情感的」などの複数の訳語が提案されているが、これは不必要にこの語の現代的な意味を強調しないための判断であろうし、その判断には私も全面的に賛成するし、翻訳はこれらの訳語で十分に理解できる。

だが、同時に、カントの用いたこの語が医学に言われる病と全く関係がないと言い切ることもまた難しいように思われる。或るドイツ語の語源辞典によれば、この語はギリシア語の pathologia に由来し、このギリシア語は「病苦に関する学」を意味する。ドイツ語ではこの語形のまま十六世紀頃から用いられていたようである。名詞 Pathologie や形容詞 pathologisch は、ちょうど、十八世紀頃からやはり医学用語として用いられ始めた。[*13]

目的に駆り立てられる生

ここではカントにおけるこの語の用法の意味の確定を目指すのではなく（私にはそのような能力はない）、カント哲学から現代社会に対する有益な示唆を受け取ることだけを目指して、この語を「病的」と翻訳できるかもしれないという可能性に沿ってしばらく話を進めてみたい。

享受の快に注目しながらカントを読むとき、pathologisch という語から引き出しうる結論は極めて重要かつ有意義なものであるので、一度、このような翻訳の可能性に沿った解釈を試みることも全く無意味ではなかろうと判断するからである。

なぜカントは欲求能力の低次の実現、あるいは我々の日常生活における通常の行為を病的と称しうるのであろうか。それは我々が何らかの感性的ないしは情動的な動因によって駆り立てられているからである。

何らかの内容をもった目的のために、たとえば生存や安楽な暮らしのために何かをする時、我々は確かに多かれ少なかれ、それらの目的に駆り立てられ、目的にとって有用なものを手段と見なす。もちろんそれには度合いがある。ほとんど駆り立てられていない場合も、かなりひどく駆り立てられている場合もある。だが、いずれにせよ駆り立てられている。

それに対し、「受動的」と呼ばれた享受の快のうちにある時、我々は駆り立てられていない。嗜好品を楽しんでいる時、我々は少しも何かに駆り立てられたりしない。ただ享受の快のうちに留まっている。快適なものを楽しむとき、我々は目的-手段連関から自由になっている。だから病的ではない。

病的であることからの二つの脱出路

カントは人間が理性に基づいて、自らの意志で、自分自身を、自分自身のうちにある道徳法則に従わせることに、この病的な状態からの脱出の可能性を見た。だがその脇には、もう一つ、消極的な脱出路も設けられていたように思われる。

それが快適なものを享受する道である。

もちろん、カントは人間がたんに享受するためだけに生きることは認めなかった。というか、そのような生き方に理性は決して納得しないだろうと述べていた〔Kant 2001, S. 54／上巻、六二頁、§4〕。けれども、カントは決して人間が快適なものを享受することそのものを否定はしなかった。カントが否定したのは、享受のためだけに生きることである。

もしも享受の快のための地帯が確保されていなかったなら、カントが求める道徳性を人間が常に実現することは困難である以上、日常のほとんどは手段と化し、つまりは病的なあり方ばかりが生活を埋め尽くすことになるのではなかろうか。

既に述べた通り、第三象限と第四象限は強く結びついており、快適なものを求める行為そのものは病的である。しかし、享受の快の受け取り方を知っている人間であれば、快適なものを享受しながら、その病的なあり方から、しばしの間は抜け出すことができる。

「俺はこれが好きなんだ」という判断には、全く普遍性はない。しかし、そのように断言できる人間は、自分に固有の趣味を持っている。その人は、享受の快の受け取り方を知っている人間である。自分に固有の趣味をもつ人間は、何もかもを目的のための手段と見なす病的な日常から抜け出して、快適なものを享受する術を知っている。また、享受の快を経験したからこそ、それを自らの楽しみだと知ることができるとすれば、享受の快は、その人間に固有の趣味をもたらすものであるとも言うことができる。

それに対し、享受の快の受け取り方を知らない人間は、病的であり続ける。快を受け取らず、手段をただ目的達成のためだけに求め続けることになる。

以上、敢えて pathologisch を「病的」と翻訳する可能性に寄りかかった議論を試みた。これはあくまでも試みに過ぎない。とはいえ、もしその可能性が潰えたとしても、享受の快（④）が、欲求能力の低次の実現（③）、すなわち、目的実現のために有用である手段を善いものと見なす欲求能力のあり方から区別されるものであることに変わりはない。享受の快が、目的から、手段から、あるいは目的‐手段連関から自由であることに変わりはない。この点は重要であるので確認しておきたい。

嗜好品の定義について

そろそろ本稿が冒頭で掲げていた、嗜好品というテーマに戻っていく時である。

ここまでの議論から言えるのは、嗜好品とは享受の快をもたらすものであり、享受の快とは、目的からも手段からも目的‐手段連関からも自由な快だということである。だが、冒頭で紹介した通り、一般的には、嗜好品は「栄養のためでなく、味わうことを目的にとる飲食物」と定義されている。この齟齬をどう考えたらよいだろうか。

本稿の議論はこのような一般的な嗜好品の定義の背景をある程度説明するものであると思われる。この定義が「目的」に言及しているのは、嗜好品の位置づけられるべき第四象限が、目的‐手段連関の中にある第三象限と強い結びつきをもっているからに他ならない。

確かに嗜好品は常に、味わうという目的のための手段として求められる。しかし、嗜好品が与える快そのものは目的達成の満足ではない。「味わうことを目的にとる飲食物」という定義は、嗜好品を、「それは何をもたらすか」という感情能力の観点からではなく、「それは何のために求められるか」という欲求能力の観点から眺める限りにおいてのみ有効な定義である。

嗜好品に対応するドイツ語、Genußmittel に「手段 Mittel」の語が入っている理由も同じように説明できる。「手段」の語が入っているからといって、Genußmittel が与える快そのものは手段として善いのではない。

依存症の問題

本稿は第三象限と第四象限の区別を繰り返し強調してきたけれども、両象限の強い結びつきの事実は絶対に軽んじることができない。享受の快は、この結びつき故に、容易に病的なものに陥りうる。というか、この結びつき故に、享受の快は極めて儚いものとも言いうる。それは容易に目的達成の満足に置き換えられてしまう。

そのような病として注目するべきは依存症である。依存症においては行為のすべてが目的と手段の連関に奉仕する形で進行する。たとえばアルコールはもはや享受の対象ではなく、酩酊によって精神的な辛さを逃れるという目的のための手段でしかない。

我々は冒頭で嗜好品が哲学的考察の対象になっていないという事実を指摘した。それは既に述べた通り、おそらく哲学にとって嗜好品がどうでもよい存在であったからだろう。

しかし、他方で、実はこれを論じることを困難にしている非哲学的な事情がある。それは嗜好品を論じること自体が、どうしても、現代の多くの国々で違法とされている薬物(厳密な定義は難しいので、以下では「ドラッグ」と総称する)の問題を避けて通れないからである。

たとえば、「リラックスをもたらす」というのは嗜好品の存在理由として重要なものであるだろうが、これは全く同じことがドラッグについても言えるだろう。つまり、嗜好品の存在理由を論じるにあたっては、ドラッグも視野に収めた議論が求められるのだ。

医学的に言えば、ドラッグの問題はその依存性の高さに他ならない。しかし、歴史的にはそのような医学的な理由とは全く別の理由（政治的理由など）で或る薬物が違法化された事実が存在する［松本 二〇二〇］。そもそも違法化されていないアルコールが極めて高い依存性を持つことはよく知られる事実である。また、薬物依存症やアルコール依存症が、幼少時の虐待などの過酷な経験との相関関係にあることも研究によって明らかになっている［上岡＋大嶋 二〇一〇］。

ドラッグについて本稿の観点から次のことが指摘できる。ドラッグこそは、目的-手段連関の権化に他ならない。ドラッグの摂取には純粋に目的と手段しかない。そこには享受の快が入り込む余地などない。味わうという契機は存在し得ない。それも当然だろう。ドラッグは薬物であり、薬物とは苦痛の軽減や症状の改善という目的のために使用される手段以外の何ものでもないからだ。我々は薬物を味わったりはしない。

ここに嗜好品とドラッグの決定的な差異がある。嗜好品は享受の快の対象でありうるが、ドラッグは享受の快の対象ではありえない。嗜好品は第四象限に位置づけることができるが、ドラッグは第三象限にしか自らの場所をもたない。

目的への抵抗、手段からの解放

逆に、第四象限に位置づけられるはずのものが第三象限において捉えられるようになると、享受の快は失われる。酩酊のための手段になったアルコール飲料のように。ならば、享受できること、何かを楽しめることは、目的-手段連関の権化であるドラッグのようなものへの抵抗の一拠点であると言うことができるだろう。享受の快は、目的への抵抗、手段からの解放をもたらす。第四象限を守り抜くことは、第三象限からの脱出路を確保しておくことに他ならない。

人を目的-手段連関に追い込む原因はあまりにも多種多様である。人は自らの人生に根ざした様々な苦しみを逃れるために、薬物やアルコールのような物質だけでなく、様々な目的-手段連関に手を伸ばす可能性がある。手段化はあらゆるものを依存症の対象としうる。

もちろん、手段化だけで依存症が説明されるわけではない。しかし、享受の快があるはずのところに目的が入り込み、目的によってこの快が汚染された時、享受の快の対象であったはずのものが手段化され、病としての依存症への道が開かれる可能性は大いに高まるとまでは言うことができる。

人間の生がそのあらゆる地帯を目的-手段連関によって占領され、目的とは無関係である享受の快のための地帯が失われれば、そこに現れるのは、享受の快を剥奪された生に他ならない。あらゆるものが目的のための手段とされる生である。

享受の快の剥奪には一人ひとりの人生の過酷さがその原因としてかかわっているから、享受の快が失われた時にそれを取り戻すための一般的な処方箋などはない。だが、一つだけ確実に言えるのは、人間から享受の快を剥奪してはならないということである。人間の生が第三象限で満たされないために、第四象限はなんとしてでも守り抜かれねばならない。

但し、この課題が一人ひとりでどうにかなるわけではない側面を持っているという現実にも目を向けなければならない。というのも、社会が巧妙に、組織的に享受の快の剥奪を行う可能性があるからである。最後にこの点について考えよう。論点は二つになるが、二つは根底ではつながっている。

アドルノたちの文化産業批判

カントは人間の経験を可能にしている精神の構造を明らかにしようとし、その探求を超越論的と形容した。超越論的とはしばしば先験的とも訳され、経験には依存しないことを意味している。要するに、誰もが批判哲学の描き出した構造で物事を経験しているはずだというわけである。

これについて、二十世紀を代表する哲学者の一人、テオドール・アドルノと、その盟友マックス・ホルクハイマーが、或る意味で非常に素朴とも言える指摘をしたことがある。『啓蒙の弁証法』(一九四七年)で行われたその指摘は、二十世紀初頭に現れた文化産業に関するものである。レジャー産業と言ってもよい。

文化産業とは、同時期に先進国で大量に発生した、有給休暇の権利を得た労働者たちを対象として、レジャーすなわち休暇の間に、彼らが楽しむコンテンツを提供する産業のことである。アドルノとホルクハイマーはそのコンテンツが極めて画一的であることに警告を発した。「レジャーの中では、人はプロダクションの提供する統一的規格に右へならえしないわけにいかない」〔アドルノ＋ホルクハイマー 二〇〇七、二五八～二五九頁〕。同じようなものが提供され、同じようにそれらが受け止められる。アドルノとホルクハイマーは近代批判としてこれを行ったけれども、当然ながら、その背景には彼らが経験したばかりの全体主義という文脈もあった。

興味深いのは、彼らがこの批判を、カント哲学を参照しながら行ったことである。

> カントの図式論《シェマティスムス》においては、感覚的な雑多さをあらかじめ基本的な概念に関係づける働きは、まだ主体に期待されていたのだが、今やその働きは産業の手によって主体から取り上げられてしまう。〔…〕消費者にとっては、それ自身プロダクションの図式主義のうちに先取りされていないようなものは何一つ存在せず、それをさらに分類することなぞできはしない。〔アドルノ＋ホルクハイマー 二〇〇七、二五九頁〕

おそらくカント哲学に通じた者であれば、彼らのこのような言い方にはどこか納得できないところがあるに違いない。図式化は超越論的な構造の一部であって、経験論的事実によって変化させられるものではないからである。図式化の働きが主体から取り上げられているのではなくて、人びとの意見が文化産業によって画一化されているとでも説明するのが関の山だというのがカント通の大方の反応ではなかろうか。

私自身はアドルノとホルクハイマーの指摘をむしろ正面から受け止めたい、受け止められるのではないかという立場であるが、しかし、このような違和感をもつ読者が、特にカント哲学に通じた者の中にいることには十分に納得がいく。

固有の趣味ならば

文化産業によって図式化能力が主体から取り上げられるというのは言い過ぎかもしれない。ならば、文化産業によって取り上げられるのが、図式化能力ではなくて、快適なものを享受する能力であったらどうだろうか。

カントによれば、快適なものは少しも普遍性を要求せず、あくまでもその人にとっての個別的なものに留まる。快適なものに関しては、各人はそれぞれに固有の趣味をもつという原則が妥当するのだった。文化産業によって危機に晒されたのは、この原則ではなかろうか。

危機に晒されたといってもカントのこの原則が無効になったという意味ではない。快適なものについての判断が、美の判断とは異なり、普遍性すなわち万人の同意を要求しないことに変わりはない。そうではなくて、万人が、同一の快適なものについて、同一の非普遍的で個別的な判断を下している状態が訪れているのではないかということである。

そうだとしたら、快適なものについて、各人はそれぞれに固有の趣味をもつという原則は、これまでとは全く違う相貌を露わにする。もはやこれは、大前提としてさっさと片付けて、すぐさまそれとの差異において美しいものの判断についての議論へと進むことができるような原則ではない。

これは今や、その暗黙の前提を死守するべき原則になりつつあるのではないか。あるいはもうそうなってしまっているのではないか。

このような言い方は大げさかもしれない。しかし、私はアドルノとホルクハイマーがカント哲学を使って現代社会を考察しようとした姿を見習いたいと思っている。それ故の問題提起である。

生活の手段化

享受の快は、何が自分にとって享受の対象であるかを知るという経験と切り離せない。享受の快を経験するからこそ、人は自分なりの趣味をもつことができる。ならば、享受されるべき快適なものについてのこうした社会による巧妙な誘導は、一人ひとりが自らに固有の趣味を獲得する機会を奪っていることになる。これは享受の快の剝奪への第一歩である。

アドルノとホルクハイマーは二十世紀前半の消費社会の状況を観測してこの誘導を問題にした。だが我々が生きている二十一世紀には、享受の快に関して、また別の問題がある。

それが嗜好品の排除という問題である。これは或る意味で享受の快そのものが禁止されつつあることを意味している。タバコはもちろん、アルコールも全世界的な排除の対象となっている。コーヒーやお茶についてはカフェイン抜きが浸透しつつある。甘いものも「ダイエット」という観点から様々な形で敵意を向けられている。

本稿は、嗜好品のように目的-手段連関から自由であるものを、目的へと差し向けられた健康とは全く別の地平で論じるための一つのヒントとなることを目指した。たとえばタバコは健康を害するのかもしれない。アルコールも健康を害するのかもしれない。それはそれで議論されればよい。だが、人間の生が目的によって占領されてよいのかどうかはそれとは全く別の問題である。

目的が持ち込まれた途端に存在することをやめてしまう享受の快を剥奪することは、人間に病としての依存症への道を開く。社会がこのまま進み、すべてを手段化した時、我々はおそらく、これまで見たこともないような依存症に出会うことだろう。

人間から享受の快を剥奪してはならない。それは人間の生すべてを目的-手段連関に従属させることだからである。

カントにおける享受への理解

最後にカントにもう一度戻ろう。

どれほど熱心であろうとも、単に享受するためだけに生きるという生き方に理性は決して納得しないだろうとカントは述べていた。人間のうちに秘められた道徳性の事実を考えての一言である。しかし既に指摘した通り、カントが否定したのは、享受しかない生であって、享受のない生ではない。

美や崇高や善と並べて快適なものを論じたカントは、どれだけそれを低次だと述べていようとも、その存在意義を理解していたと思われる。

もちろんカントが最も強く肯定するのは道徳的諸理念である。だがカントはわざわざ、道徳的諸理念に対する尊敬は、楽しみによっても少しも損なわれることはないと言っている［Kant 2001, S.232／上巻、二三六頁、§54］。

これだけ熱心に享受や快適さを論じていること自体、カントがその価値を決して軽視していなかったことの証である。

【注】

＊1：なお、英語では、favorite という語もしばしば嗜好品を翻訳するのに使われるようだが、これは「その人が楽しむもの」という個別的で主観的な意味が強い。その意味で、楽しんだり味わったりするためだけの対象の全体を客観的に名指す嗜好品という語とはその意味を違えているように思われる。

＊2：但し、嗜好品に相当する語が存在しないために、この領域での英語での議論が困難になっている面もあるように思われる。英語で二〇一〇年に出版された論集『不健康は悪なのか――健康をモラル化する世界』［メッツル＋カークランド 二〇一五］は、その原タイトル Against Health がはからずも示してしまっているように、全体で話題になっているものを、否定的な表現でしか名指すことができていない。もし寄稿者たちが「嗜好品」の語を知っていたならば、彼らがどんな議論を展開できたかと想像せずにはいられない。

＊3：タバコについての考察であれば、サルトル『存在と無』の緒論におけるシガレットについての現象学的考察なども思い起こされるが、嗜好品の本質に迫るものではまったくない［サルトル 二〇〇七、三六頁］。但し、完全に個別性を欠いた、単なる数えられる対象の例として選ばれたのが、他ならぬシガレットであるという点は興味深い。シガレットは、一本一本としてはどうでもよい対象な

のである。

＊4：團康晃の調査によれば、「嗜好品」という単語の初出は、一八八七年に当時衛生局技官だった後藤新平が翻訳出版した『普通生理衛生学』なる書物であり、その中で「嗜好品」はGenußmittelの訳語として用いられている［團 二〇一七、七七頁］。

＊5：もう少し、言葉を足してみよう。我々は自分が善いことをした後で、その善行の事実が、それを目撃した者によって他人に伝達されると、ある種の喜びと同時にある種の居心地の悪さを感じる。居心地の悪さが生じるのは、一方では「あの人はこうやって他人に評価されるために善行を為したのだ」と誤解されることへの懸念のせいであると同時に、他方では「もしかしたら自分の中には確かに評価を求める気持ちがあったかもしれない。実際、今、私はある種の喜びを感じているのだ」と感じるからではなかろうか。

＊6：ドイツ語の schön と美しいではやや語感が異なる。たとえばこの語には男性に対して使われるハンサムの意味もある。もし美しいという言葉がいまいちしっくりこないならば、「すごい！」「すばらしい！」などの日本語も趣味判断に入ると考えればよいだろう。実際、日本語で「これこれは美しい」と口にすることは稀であるように思われる。

＊7：カントはいつも諸能力をこのように擬人化して語っている。まるで精神の中に、感性さん、構想力さん、悟性さん、理性さんといった登場人物がいるかのようである。因みに、ドゥルーズが『カントの批判哲学』［ドゥルーズ 二〇〇八］で、諸能力の役割と関係のみに注目してカントの批判哲学

を説明しようと思い立った背景には、こうしたカントによる能力の擬人化があるのではなかろうか。この本によればカントの批判哲学体系とは、求められる仕事に応じて「四人」がそれぞれの役割を変更して協力する会社組織のようなものである。

＊8：ドイツ語の schön にはハンサムという意味があると先に述べたが、この例を考えてみるとわかりやすい。人はいつでも、どういう条件を満たすとハンサムになるかについて考える。しかし、現実には、次々に新しいハンサムが現れてくる。

＊9：高次の不快という説明はやや踏み込んだものである。カント自身は崇高を「消極的な快 negative Lust」と規定している［Kant 2001, S. 106／上巻、一一三頁、§23］。これは「否定的な快」と翻訳することも可能であろう。だとすれば、崇高を高次の不快と捉えることは決して無理なことではないと思われる。

＊10：この取り違えは、崇高の感情の政治性という危険に結びつくものである。カント自身、崇高の経験を国民の道徳性の向上と結びつけて論じている［Kant 2001, S.131／上巻、一三八頁、§28］。

＊11：但し、今見た通り、端的に善いものもまた満足を与えるとは言われるのであって、二つの満足を区別するために、カントは端的に善いものが与える満足について特に「知性的満足」という言い方を用いることがある［Kant 2001, S.143／上巻、一五〇頁、§29 一般的注解］。

＊12：「善いものでは、それがたんに間接的に善いのか、それとも直接的に善いのか（有用であるか、それともそれ自体として善いのか）がつねに問題となる。これに反して快適なものでは、このことは

まったく問題とはなりえない。それというのも、この言葉は、つねに直接に満足を与えるものを意味するからである（私が美しいと呼ぶものについても、事情は同様である）」［Kant 2001, S.53-54／上巻、六一〜六二頁、§4］。「美しいものと崇高なものは、両者がそれだけで満足を与えるという点で一致する」［Kant 2001, S.105／上巻、一一二頁、§23］。

＊13：https://www.dwds.de/wb/etymwb/pathologisch

【参考文献】

――邦語文献

・テオドール・アドルノ＋マックス・ホルクハイマー『啓蒙の弁証法――哲学的断想』（一九四七）徳永恂訳、岩波文庫、二〇〇七
・上岡陽江＋大嶋栄子『その後の不自由――「嵐」のあとを生きる人たち』医学書院、二〇一〇
・ジャン＝ポール・サルトル『存在と無』（一九四三）第Ⅰ分冊、松浪信三郎訳、ちくま学芸文庫、二〇〇七
・渋谷治美「解説」／「訳注」『実用的見地における人間学』カント全集第十五巻、岩波書店、二〇〇三
・アレンカ・ジュパンチッチ『リアルの倫理――カントとラカン』（二〇〇〇）冨樫剛訳、河出書房新社、二〇〇三
・團康晃「「嗜好品」が「趣味」と結びつくとき――明治期における衛生学および勧業、PR誌のテクスト実践を事例に――」『年報社会学論集』30号、七五～八六頁、二〇一七
・國分功一郎『暇と退屈の倫理学』（二〇一一）新潮文庫、二〇二二

・ジル・ドゥルーズ『カントの批判哲学』（一九六三）國分功一郎訳、ちくま学芸文庫、二〇〇八
・松村明＋三省堂編修所（編）『大辞林』第四版、三省堂、二〇一九
・松本俊彦（編）『アディクション・スタディーズ——薬物依存症を捉えなおす13章』日本評論社、二〇二〇
・J・M・メツル＋A・カークランド（編）『不健康は悪なのか——健康をモラル化する世界』（二〇一〇）細澤仁他訳、みすず書房、二〇一五
・ジャン＝フランソワ・リオタール『崇高の分析論——カント『判断力批判』についての講義録』（二〇一五）星野太訳、法政大学出版局、二〇二〇

——欧語文献

・Jean Baudrillard, 1978, *Le système des objets* (1968), Collection « Tel », Gallimard ／ジャン・ボードリヤール『物の体系——記号の消費』宇波彰訳、法政大学出版局、新装版、二〇〇八
・Dudenredaktion (Hg.), 2015, Duden. Deutsches Universalwörterbuch: Das umfassende Bedeutungswörterbuch der deutschen Gegenwartssprache (8. Aufl.). Berlin: Dudenverlag.
・Immanuel Kant, 1980, *Anthropologie in pragmatischer Hinsicht* (1798), Philosophische Bibliothek Band 44, Felix Meiner ／イマニュエル・カント『実用的見地における人間学』渋谷治美訳、カント全集第十五巻、岩波書店、二〇〇三

・Immanuel Kant, 1998, *Kritik der reinen Vernunft* (1781), Philosophische Bibliothek Band 505, Felix Meiner／イマニュエル・カント『純粋理性批判』上中下巻、有福孝岳訳、カント全集第四、五、六巻、岩波書店、二〇〇一、二〇〇三、二〇〇六

・Immanuel Kant, 2001, *Kritik der Urteilskraft* (1790), Philosophische Bibliothek Band 507, Felix Meiner／イマニュエル・カント『判断力批判』上下巻、牧野英二訳、カント全集第八、九巻、岩波書店、一九九九、二〇〇〇

・Immanuel Kant, 2003, *Kritik der praktischen Vernunft* (1788), Philosophische Bibliothek Band 506, Felix Meiner／イマニュエル・カント『実践理性批判』坂部恵＋伊古田理訳、カント全集第七巻、岩波書店、二〇〇〇

・Immanuel Kant, 2016, *Grundlegung zur Metaphysik der Sitten* (1785), Philosophische Bibliothek Band 519, Felix Meiner／イマニュエル・カント『人倫の形而上学の基礎づけ』平田俊博訳、カント全集第七巻、岩波書店、二〇〇〇

・Emmanuel Kant, 2008, *Anthropologie d'un point de vue pragmatique, précédé de Michel Foucault Introduction à* l'Anthropologie, présentation par D. Defert, Fr. Ewald, F. Gros, Vrin.

・Scholze-Stubenrecht, Werner, et al. (ed.), 2008, Oxford German dictionary: German-English, English-German (3rd ed.). Oxford; New York: Oxford University Press.

第二章　手段化する現代社会

「健康は、これを所有するどのひとにとっても直接に快適である〔…〕。しかし、健康は善いものであると言うためには、さらに健康を理性によって諸目的へと差し向けなければならない」

（イマニュエル・カント『判断力批判』）

みなさん、こんにちは。二〇二三年の学期末講話を始めたいと思います。

この東京大学での学期末講話は、二度目の試みになります。大学というのは定期試験が終わると終業式もなく、そのままずーっと夏休みに入ってしまう。そのことを僕は前から少し寂しく思っていて、ならば夏休みの前に少人数でも集まって、僕が今学期に考えていたことを皆さんにお話する場を設けたらどうかと考えたのが開催のきっかけです。

単位も関係ないし、講義でもない、もっと気楽な会という意味で、「講話」と名付けました。昨年の学期末講話では、「目的」という概念をハンナ・アーレントやヴァルター・ベンヤミンなどの議論を参照しながら、批判的に検討し、その講話は「不要不急と民主主義——目的、手段、遊び」と題して、『目的への抵抗　シリーズ哲学講話』〔新潮新書、二〇二三年〕という本に収録しました。今回はいわばその続編的位置づけになるのですが、「シリーズ」と銘打っているように、この学期末講話をベースにした書籍を定期的に刊行していきたいとも考えています。

初めてのカント論

お配りしたレジメにあるように、今日の講話は今年発表した僕の論文「享受の快——嗜好品、目的、依存症」〔「新潮」二〇二三年七月号〕をベースにしています。その論文をあらためて解説しながら、もう一歩先に進める、そんな意図があります。

この論文を執筆したのは今年の春ごろだったのですが、昨年の秋には十年越しの書籍『スピノザ——読む人の肖像』〔岩波新書、二〇二二年〕を出版し、その直後にはこれと関係の深い『畠中尚志全文集』〔講談社学術文庫、二〇二二年〕の編集に関わるとともにそれに長文の解説を寄せ、その後は、先ほど言及した新刊『目的への抵抗』の仕上げの作業を年を越してやっていました。あまりにもスケジュールが詰まっていたので、すこし体調を崩してしまいました。新刊の作業を終えて、三月頃から急いで取り掛かったのが、先の「享受の快」という論文です。なんとか仕上げて六月に雑誌掲載していただきましたが、とにかく大変だった。

大変だったのはスケジュールだけではありませんでした。この「享受の快」は、僕にとって初めての本格的なカント論になります。カントについては言うまでもなく分厚い研究の歴史がありますから、大変緊張しました。その意味でも大変でした。しかし、これは僕としてはどうしても取り組まねばならないテーマだった。そのことも後でお話ししましょう。

今日は学部の一年生もいるので、いきなりカントを論じたりせずに、もう少し大枠のところから話を始めます。イマニュエル・カント［一七二四～一八〇四］は十八世紀の哲学者です。他方で、僕はずっと十七世紀の哲学者であるスピノザ［一六三二～一六七七］について研究してきました。

十七世紀と十八世紀では、哲学は大きく性質を変えます。大変興味深い違いです。皆さんに両世紀のイメージをもっていただくために、ややラフな仕方で当時のヨーロッパの時代の流れを説明してみましょう。

その前の世紀、十六世紀というのは宗教戦争の時代です。十六世紀末に起きたフランスのユグノー戦争やオランダ独立戦争（八十年戦争）などを経て、ついにはヨーロッパ全土を巻き込んだ三十年戦争が起こります。ご存じのように宗教戦争は、十六世紀のルターによる宗教改革に端を発し、旧教と新教、つまりキリスト教におけるカトリックとプロテスタントの争いが激化したものです。それが西ヨーロッパ全土に波及し、ようやく終結したのが十七世紀半ば。一六四八年にウェストファリア条約が締結され、この条約は近代ヨーロッパの、ひいては近代の国家体制の礎となりました。

この戦争によってヨーロッパはめちゃくちゃになります。それは物理的にということだけではなくて、精神的にもです。中世にあった、自然との調和を基礎とする人間観はガタガタに崩れ去ってしまった。中世の人間観はやはりどこか牧歌的なんですね。たとえば、十三世紀の神学者・哲学者であるトマス・アクィナス［一二二五～一二七四］に、「善には広がっていく性質がある」という言葉があります。大変ステキな言葉だと思います。それにはある種の真理もあると思います。しかしこういう考えは宗教戦争のあとにはとても維持できなくなりました。

宗教戦争で、当時の知識層は大変大きな衝撃を受けました。宗教が絡むことによって人々が信じられないほど凶暴な情念に突き動かされるようになるのを目にしたからです。そのため、人間が自らの情念を抑えつけるにはどうすればよいのかという問いがたくさんの学者によって提起されるようになります。十七世紀にはたくさん情念論が書かれています。デカルト［一五九六～一六五〇］にもスピノザにも情念論がありますが、歴史的にはそのような背景があることを指摘できます。

しかも争いのほとんどが国同士による戦争ではなく、宗教的な内戦であったことにも注目しなければなりません。内戦には戦争よりも恐ろしい側面があります。それまで信じ込まれてきた価値体系や秩序がひっくり返されてしまうということです。たとえば、日本では明治維新における戊辰《ぼしん》戦争なども内戦ですね。徳川時代の価値観が完全にひっくり返って、それまでの体制側が一気に逆賊となり、錦の御旗が正義になる。何が正しいのかが全くわからなくなる。革命も同様です。

荒廃した大地と精神。そうした焼け野原の状態から生まれたのが、十七世紀の哲学ということになります。当時の哲学者たちは、ゼロから人間や社会や政治や国家や学問のことを考え始めたのです。

インフラからアーキテクチャーへ

宗教戦争によってそれまでの価値観が徹底的に破壊されてしまったヨーロッパ。そこに現れたのが、先程も言及したデカルトです。デカルトは「我思う、ゆえに我あり」というフレーズで知られていますが、このフレーズはいま説明した歴史からも解釈できるものでしょう。

全ての価値観が破壊されてしまった時代、もはや何も確実なものはない。何もかもが疑わしい。だからデカルトはすべてを疑った。その上で、学問がよって立つべき基礎を「我思う、ゆえに我あり」によって発見するのです。そこまで遡って考えなければいけないほど、価値観の破壊は徹底的であったのです。ホッブズ［一五八八〜一六七九］やロック［一六三二〜一七〇四］、僕の専門であるスピノザも、デカルト同様の時代状況に直面していたといえます。

彼ら十七世紀の哲学者たちは、焼け野原のようなところで哲学を始めた。その営みはインフラの整備になぞらえることができると思います。何もかもが破壊された世の中で、まるで橋や道路、水道、ガスといったインフラの整備工事を行うかのように、思想のインフラを整えていったわけです。

十七世紀に整えられた思想的なインフラの上に、十八世紀の哲学者たち、たとえばルソー［一七一二〜一七七八］とかカントといった人たちが、今度は、壮大な哲学的建築物《アーキテクチャー》を次々と作り上げていきます。

その意味で、十七世紀がインフラの時代だとすると、十八世紀はアーキテクチャーの時代と言えるでしょう。たとえばルソーは主権や人民といった現代の民主主義につながる壮大な理論を作り上げましたが、それはホッブズが国家を「自然状態」というゼロ地点から考えたその土台の上に成り立っています。

十八世紀の哲学者の中でも、ひときわ壮大な理論的建築物を作り上げたのがカントです。その体系性は際立っています。カントは、認識論、倫理学、美学、歴史といった人間に関わる領域の全てを一人で体系化したと言ってもいい。

けれども、やはりカントもまた十七世紀の哲学者たちによるインフラ整備があってはじめて哲学することができたわけです。たとえばデカルトとライプニッツ［一六四六〜一七一六］の哲学なくしてカントの哲学は考えられません。

その後には、たとえばヘーゲル［一七七〇〜一八三一］が来る。ヘーゲルは十八世紀と十九世紀をまたいで生きた人で、ベートーヴェン［一七七〇〜一八二七］と同い年。二人は没年もかなり近い。ベートーヴェンも愛国的思想の持ち主でしたが、ヘーゲルの哲学にはナショナリズム的な側面が強くあります。これはいかにも十九世紀的と言うことができるでしょう。

それに対して、十八世紀的な哲学者であるカントにはナショナリズムはほとんどないと言っていい。このあたりは十九世紀に起こる国民国家の勃興と大きな関係があります。あくまでもさしあたってのイメージですけれども、こんな風にして十七世紀・十八世紀・十九世紀を考えてみると、頭を整理しやすくなると思います。

浪費と消費、ふたたび

さて、カントです。なぜ「享受の快」でカントを論じることになったのか。これは僕の長年の問題意識と直結しています。

『暇と退屈の倫理学』［二〇一一年刊。新潮文庫、二〇二二年、第四章］で僕は消費と浪費

を二つの異なる概念として論じました。これは何度も書いたり話したりしたことなので
すが改めて説明します。

「浪費」という言葉には無駄遣いのような悪いイメージがありますね。でも、そんなに
よくないことなのだろうか。僕らははじめから悪いイメージを前提にしてこの言葉に向
き合っていないだろうか。仮に「必要の限界を超えて何か物を受け取る」ことを浪費と
定義すると、それはある種の豊かさを象徴するものです。つまり、人間が豊かに暮らし
ているときには、何らかの浪費がある。

人間が豊かさを感じるために浪費は大切ではなかろうか。これが『暇と退屈の倫理
学』の主張の一つです。しかしここで重要なのは、浪費はいったい何と異なるのかとい
うことです。この点で参考になったのが、フランスの社会学者ボードリヤール［一九二
九〜二〇〇七］の消費社会論でした。

彼はこう言っています。人類はそれが可能であるときにはいつも浪費をして、豊かさ
を享受してきた。未開社会の蕩尽もそうだし、十九世紀のブルジョワの贅沢もそうであ
る。浪費は豊かさの象徴です。

ところが、二十世紀になって人間は全く新しいことを始めた、とボードリヤールは指摘します。それが消費です。消費というのは最近始まった新しい現象だというのです。では、消費と浪費はいったいどこがどう違うのか。

浪費とは必要の限界を超えて物を受け取ることです。さて、物の受け取りには限度があります。ですから、浪費は必ずどこかで止まる。腹いっぱいに物を食べようとしても、必ずどこかで胃袋に限界がやって来ます。つまり浪費の先には満足があるわけです。満ち足りた状態に至り、浪費はそこで止まる。

それに対し、消費の特徴はそれが決して止まらないところにあります。なぜか。消費は物ではなく、観念や情報や記号を対象にしているからです。消費において我々が受け取っているのは物ではない。消費というのは観念的な現象であるとボードリヤールは言います。

たとえば、グルメブームを考えてみてください。流行の店にいって食事をする。そこで重要なのは食事ではなくて、「その店に行った」という観念です。それを人に言ったり、あるいは食事の写真を撮ってSNSにアップしたりする。そのためにその店に行くわけです。

　もちろん、流行の店が変化すれば同じことを続けなければならない。「その店に行った」という観念のためにその店に行くわけです。「流行の店」はここで完全に記号になっている。そして記号はどれだけ受け取っても、決しておなかいっぱいにはならない。満足が訪れない。だから記号の消費はいつまでも終わらない。

　演出した自らの生活を、たとえば写真投稿の形でSNSにおいて切り売りして「承認」（「いいね」）という対価を得ることが当たり前になった現在、ボードリヤールの言う消費は、彼がそれを主張した六〇～七〇年代よりもよっぽど理解しやすくなっているかもしれません。

　なお、ボードリヤールは、一九七〇年の時点で、この消費社会は疲労や鬱といった問題を引き起こすだろうと警告していました（ジャン・ボードリヤール『消費社会の神話と構造』［一九七〇年刊。今村仁司＋塚原史訳、紀伊國屋書店、一九九五年、二七九～二八六頁］）。それは概ね当たっていたと言えるでしょうし、また、インスタグラムなどのSNSが若い人の精神生活に甚大な被害を与えることは現在では広く認識されています。

単なる気まぐれで集まる「承認」にユーザーが一喜一憂させられる一方で、プラットフォーム企業は彼らの投稿を通じてビッグデータを収集し利潤をあげる。地獄のような経済です。

さて、消費社会にとって一番困るのは消費者が満足してしまうことです。消費が止まってしまうからです。だから、消費社会は我々が心から楽しんで満足を得ることを全力で阻止しようとするのです。『暇と退屈の倫理学』ではこのことを、我々は浪費家になって物を楽しんで満足できるはずなのに、消費者になることを消費社会によって強いられると表現しました。

消費社会は二十世紀において桁違いの成功を収めました。このシステムを使えばいくらでも人びとに必要のないものを買わせることができるからです。二十世紀の大量生産、大量消費、大量投棄の経済はそうして可能になりました。現代ならば、更に、承認のゲームに追い立てることで、ビッグデータの元となるデータを、日々、消費者にスマホを使って提供させていると付け加えることができるでしょう。

『暇と退屈の倫理学』で書き残したこと

ではどうすればいいのか。『暇と退屈の倫理学』における僕の提案は、きちんと物を受け取れるようになることでした。つまり、浪費すること、物そのものを楽しむこと、それがこの経済を変えていくはずである、と。

これは楽しむことが社会を変えるという提案です。我々は楽しみを消費社会によって奪われている。だから、楽しみを取り戻そうというわけです。

ただそれでも大きな課題が残ったままでした。それは「楽しむ」とはいったいどういうことなのかという問いです。よく考えてみると、これを定義するのは意外と難しい。これこそが『暇と退屈の倫理学』では十分に取り組めなかった課題です。

この課題が十分に論じきれなかったことには背景があります。「楽しむ」とか「楽しみ」——今日はこれらを主に「享受」という言葉で考えていきたいのですが——について、これまで哲学はあまり論じてきていないのです。

哲学は古代ギリシアで始まりましたが、そこでは「善」や「美」に高い価値が置かれていました。というか、わざわざ古代ギリシアに言及しなくても、一般的に「楽しい」

とか「楽しみ」が、「善」や「美」よりも低い位置に置かれてしまう傾向があることは想像できるでしょう。「善とは何か」「美とは何か」についてはたくさんの哲学的な議論があります。カントもまたこれらの問いに真正面から取り組みました。

楽しいとか楽しむというのは、人間の行為としてはレベルが低いのかもしれない。でも僕は、レベルが低いと見なされてきたものをこそ哲学的に論じてみたい。「暇と退屈」についてもそうでした。今でこそ文庫版もたくさん読まれていてありがたい限りですが、当初は「暇と退屈」という言葉に首をかしげる人もいました。けれども、この本を読んでいただければ、これらの概念にどれだけ重要な学問的問いが潜んでいるのかをご理解いただけると思います。

「楽しむ」についても同じことが言えます。今も続く消費社会が我々から楽しみを奪い、それによって環境破壊をもたらすとともに、人びとの心身に大きなダメージを与え続けているのだとすれば、楽しむとはどういうことかという問いは決してどうでもよい問いではないのです。僕はこれを哲学的に考えてみたい。

目的に対立する嗜好品――嗜好品とは何か

楽しむとはどういうことか――。

今回、それを論じるために注目したのが「嗜好品」です。嗜好品とは純粋に楽しむためのもの、たとえばお茶やコーヒー、お酒、タバコなどですね。

辞書を引いてみると、「嗜好」というのは「たしなみ、好むこと。趣味。特に、飲食物についての好み」。「嗜好品」は「栄養のためでなく、味わうことを目的にとる飲食物。酒・茶・コーヒー・タバコなど」（『大辞林』）とあります。

辞書にあるように、嗜好品は栄養摂取のような目的を持たない。食事は栄養摂取のために必要ですが、もちろんそのためだけのものではなくて、楽しむものでもあります。「美味しい」と思い、食事を楽しんでいる時、その楽しさは栄養摂取という目的とは無関係です。栄養摂取できているから楽しいわけではない。そもそも、栄養摂取という目的のために食事をしていたら、食事を楽しめるでしょうか。

ここで今日の講話の結論を先取りしてお話しすると、嗜好品は目的の概念に対立しています。目的から自由といってもいい。ただ、先ほどの定義の中に、「栄養のためでなく、味わうことを目的にとる飲食物」とありましたから、ここで疑問を抱く人もいるかもしれません。後にその疑問は解消されるはずです。この点は今日の話の一つのポイントにもなります。

「嗜好品」というドイツ語

まずは「嗜好品」という言葉について少し考えてみたいと思います。

「嗜好品」という言葉はしばしば日本語にしかないと言われます。確かに辞書を引いてみると、この言葉に相当するのは、フランス語なら「produit du luxe」、英語なら「luxury goods」ですけれども、これらの語はいずれも「贅沢品」に近い。どちらの語にも、豪華だけど不要なもの、非本質的なものというニュアンスがあって、「嗜好品」にある「楽しむためのもの」というニュアンスは含まれていません。

「嗜好」は「たしなみ、好むこと」ですから、そのニュアンスを中心に置く「嗜好品」という言葉にぴったり当てはまる語はフランス語や英語にはないと言ってよいと思います。この言葉が日本語にしかないとしばしば指摘されるのも故なきことではありません。

ところが色々調べていて分かったのは、ドイツ語にはまさしくこれに相当する語があるということです。大阪経済大学の團康晃さんが「「嗜好品」が「趣味」と結びつくき——明治期における衛生学および勧業、PR誌のテクスト実践を事例に——」（『年報社会学論集』30号、七五～八六頁）という論文で、「嗜好品」は明治期につくられた言葉で、Genußmittelというドイツ語の翻訳語であるとの事実を紹介しています。

この語はドイツ語で現在も用いられている語であり、Genuß（楽しみ）とMittel（手段）から成っています。「嗜好品」は日本語にしかないというより、ドイツ語の中にあった、他の言語にはなかなか見られない語の翻訳語であったというわけです。この翻訳語を提唱したのは、当時、衛生局技官で、のちに東京市長など要職を歴任した後藤新平［一八五七～一九二九］です。哲学者、鶴見俊輔［一九二二～二〇一五］の祖父ですね。つまり古くから日本にあった言葉ではないわけです。

この単語は非常に興味深いものです。Genußは、「楽しむ」や「味わう」を意味する動詞「genießen」の名詞形です。不要とか非本質的といった意味ではなくて、「楽しむ」の意味が中心にある語なのです。因みに僕のドイツ人の友人にこの単語に注目していることを話したら、「あの単語は興味深くまた素晴らしい単語だ」と言っていたのが印象的でした。

更に調査を進めていくと、なんとカントの中にGenuß や genießen や Genußmittel についての議論があることが分かった。これらはカント哲学においてよく論じられるような中心的なテーマではありません。だから、翻訳でカントを読んできた僕の頭には残っていなかった。でも、この事実が分かり、これは十分に哲学的に論じることが可能なテーマであろうという予測が立ちました。

こうして、「楽しむとはどういうことか」という問いから始まった思索は、「嗜好品」という語を経て、カント哲学における Genuß の検討という課題へと至ったのです。なお、この語は岩波の全集版では、「嗜好」とか「享受」などと訳されていますので、以下ではこれらの訳語を適宜用いていきます。

カントのタバコ論

いよいよカントの議論を検討していきたいと思います。

カントは老齢で大学を退く直前に「人間学」と題された講義を行いました。そのノートをカントが自ら整理して刊行したのが、著書『実用的見地における人間学』です〔一七九八年刊。渋谷治美訳、岩波版全集第十五巻、二〇〇三年〕。この本は、タイトルだけを見ると硬い内容のものを想像しますが、実際はカントが生活で得た世間知を紹介していくような内容で、読んでいてとても楽しい本です。その親しみやすい内容から、講義の評判はよく、聴講者も多かったと伝えられています。

カントはその中でタバコについて言及しています。ここ二十年ぐらいで日本でも喫煙者の数はぐっと減りましたが、十八世紀当時は今と比較にならないぐらい多くの人がタバコを吸っていたようです。スピノザもタバコが大好きでした。カントもおそらく吸っていたのでしょう。

その文章は、「新潮」の論文でも引用しているので（本書第一章27〜29頁）、ここでは最後のフレーズだけ引いておきます。

人間が自分自身を相手とするこの種の楽しみは、常に新たに喚起される感覚によって、つまり素早く過ぎ去るがまた常に更新される刺激によって空虚な時間を会話の代わりに満たすことで、社交の代理を務めてくれるのである。［七三頁、§23］

タバコという純粋な嗜好品は、思考能力を活性化したり、社交の代理になったりするとカントは言っています。「空虚な時間を会話の代わりに満たす」機能もあるとまで言っています。カントのみならず、十八世紀当時の人たちはおそらくそのようにしてタバコを楽しんでいたのでしょう。

今の社会は目的を持っていないものを非常に強く排除する傾向にあります。また、公的に共有されていると信じられている目的に反するものも、同じく非常に強く排除されます。タバコの場合に問題になるのは、言うまでもなく健康です。因みにカントはタバコがもつ健康への影響を知らなかったわけではなくて、「医学上の効用ないし害」についても語っています［同前］。

アルコール飲料に対する忌避感情も高まっています。甘い物もしばしば避けられる。コーヒーやお茶のカフェインも排除の対象になっています。嗜好品が存在する社会の中の余地のようなものはどんどん狭くなっているのです。

確かに、これらは健康という目的に奉仕するものではないでしょう。しかし、だからといって嗜好品が存在する余地を削っていってよいでしょうか。そうした傾向は、嗜好あるいは享受そのものの価値を貶めることにつながっていかないでしょうか。享受の快が消し去られた時、社会はいったいどうなってしまうでしょうか。これは今日の講話の結論に関わってくる論点です。

「快適なもの」は人間を成長させない

カントの議論の仕方の特徴のひとつは、何ごとにつけて「上位／下位」「高次／低次」とランク付けするところです。「触覚と視覚と聴覚はレベルが高くて、味覚と嗅覚はレベルが低い」などと平気で断定するので、読んでいると思わず笑ってしまいます。

いま引用した箇所の付近で「嗜好 Genuß」の語が現れますが、嗜好つまり享受は低次のものとされています。どういうことかというと、嗜好につきものである「快／不快」の感情に高次と低次があると言うのです。これは非常に興味深いことです。一見したところ、快／不快というのは、その人が気持ちいいと感じるかどうかということですから、別にレベルが高いも低いもないのではないかと思われるわけです。ところが、ここがカントの面白いところです。カントはそこにも高次と低次があると考えた。つまり、レベルが高い快の感情、レベルが低い快の感情がある、と。

ここで今回のメインとなる本に移りましょう。カントが低次の感情や高次の感情を整理して論じているのが、『判断力批判』〔一七九〇年刊。牧野英二訳、岩波版全集第八、九巻、上・下巻、一九九九、二〇〇〇年〕です。

哲学史に燦然と輝く大哲学書です。研究者の中には、この本こそがカントの最大の達成であると言う人もいます。言うまでもなくこの書については素晴らしい研究がたくさんあります。ですから、これを研究者として論じることにはなかなか勇気もいるわけですが、僕はあくまでもこの本に正面から挑むのではなくて、「享受」というレベルの低いもの、メインテーマとは言いがたいものに注目しながらこの本を読んでいきたい。それが今回の僕のスタンスになります。

では『判断力批判』から、享受の概念が現れる一節を引用してみましょう。

快適なものはまた、〔人間を〕開化するのではなく、たんなる享受に属する。〔上巻、一四三頁〕

カントは、「享受 Genuß」の対象を「快適なもの das Angenehme」と呼んでいます。享受のもたらす快、享受の快は、カントの用語では「快適なもの」と言い換えられるわけです（日本語だとややこしいのですが、「快」と「快適なもの」ははっきりと区別されていて、前者の方が広い概念になりますので、以下、注意してください）。

快適なものは人間を成長させる（開化する）のではない。人間はこれを単に享受するだけ、つまり楽しむだけである。まずはこの単純な説明だけでも、享受の快が低次の感情であると言われていることの意味はある程度理解できますが、ここで言われる高次と低次が何を指しているのかについて、より詳しく見ていきましょう。

カントの三つの〝批判〟

僕自身の研究対象の一つがフランスの哲学者ジル・ドゥルーズ［一九二五～一九九五］で、そのドゥルーズにはカントについて書いた『カントの批判哲学』［一九六三年刊。國分功一郎訳、ちくま学芸文庫、二〇〇八年］という本があり、僕はこの本の翻訳者なんですね。ですので、僕のカント理解はかなりドゥルーズの影響を受けていると思います。とはいえ、ドゥルーズが享受について何かを言っているわけではありません。ここで参考にしたいのは、カント哲学体系のドゥルーズによる整理です。

『判断力批判』の他に、カントには、『純粋理性批判』［一七八一年刊。有福孝岳訳、岩波版全集第四、五、六巻、上・中・下巻、二〇〇一、二〇〇三、二〇〇六年］と『実践理性批判』［一七八八年刊。坂部恵＋伊古田理訳、岩波版全集第七巻、二〇〇〇年］という代表作があります。この三冊にはすべて「批判」という言葉が入っているため、三冊によって織りなされる哲学体系はカントの「批判哲学」と呼ばれています。

批判というのは悪口という意味ではもちろんありません。対象を吟味して腑分けしていく作業をそう呼んでいるんですね。批判はドイツ語では Kritik ですけれども、これはギリシア語の「クリネイン」という動詞に由来し、その根幹には「分ける」とか「選ぶ」といった意味があります。それこそ、高次と低次を分けるのもKritikであるわけです。

ドゥルーズは、表象――さしあたり心の中にあるイメージと考えてください――と主体ないし客体との関係に注目して、これら三つの著作の関係を整理しています。その関係は三つあり、そのそれぞれが三冊の中で論じられているというわけです。

またこれら三つの関係は、人間がもつ三つの能力に対応しています。三冊のそれぞれが、人間のもつ三つの能力を扱っていることになります。更に三つの能力はそれぞれが高次の実現形態と低次の実現形態を持ちます。三冊はいずれも、これら高次の能力の実現形態の謎を解き明かすことを主たる課題としています。

三つの関係を簡単に見ていきましょう。

一致の関係――『純粋理性批判』（認識能力）

『純粋理性批判』はもしかしたらカントの本の中で一番有名かもしれません。現象と物自体を区別することで、なぜ自然という対象が人間によって規則あるものとして認識できるかを説明した画期的な著作です。つまりこの著作は認識能力の問題を扱っています。認識において問題になるのは、私がもっている表象と客体との一致です。客体というのは対象のことです。対象と、私がもつイメージとが一致している時、認識が成立している。『純粋理性批判』は、表象と主体ないし客体との三つの関係のうちの一つ、一致の関係に対応する著作と言うことが出来ます。

因果関係――『実践理性批判』（欲求能力）

次が『実践理性批判』です。この著作で問題になるのは、表象と客体の因果関係です。表象が原因となって、現実の客体を結果としてもたらす、そういう因果関係のことです。

これだけ聞くとわかりにくいかもしれませんが、カントがこの著作で問うているのは倫理学であり、その中心にあるのは善の概念です。心の中に善のイメージがあるとして、それを実現したいと欲する場合のことが問題にされている。これに対応する能力は欲求能力です。表象を客体として実現しようと欲する実践の問題が問われているわけです。

効果の関係――『判断力批判』（感情能力）

そして三つめ、今日の講話の中心にあるのが、この『判断力批判』です。そこで扱われているのは表象が主体に及ぼす影響のことです。これは効果の関係として考えることができます。

一致の関係は認識能力に、因果関係は欲求能力に対応していましたが、この効果の関係に対応するのは感情能力です。「感情」が「能力」と結びつけられるのはすこし変な感じがするかもしれませんが、表象によって主体の力が高められたり弱められたりし、またそれに伴って快／不快の感情が生じる関係、触発とでも呼べるこの関係には主体の能力が関わっているわけで、決しておかしな考え方ではないと思います。

既に述べた通り、カントは感情能力についても低次と高次があると考えました。実はカントも当初は、感情能力には低次も高次もないと考えていたようなのです。しかし晩年にいたって思い直した。それだけ困難な課題であったとも考えられるでしょう。

快適・美・崇高・善——四つの「快」

嗜好＝享受の概念は明らかに感情能力に関わっています。ですからこれはカントの批判哲学体系においては『判断力批判』が担当することになります。享受をテーマとする今回の話が同書を参照する理由です。

また、快適なものの享受は、低次の感情能力の実現です。レベルが低い。レベルが低くてメインの研究テーマにはなかなかならない、そういうものを論じてみようというのが今回の僕のスタンスでした。とはいえ、それはいかなる意味においてレベルが低いのか。そもそも、レベルが高い感情能力の実現とは何か。

快適なものを楽しむことをカントは享受の「快」と呼んでいました。実はカントによれば、快の対象は四種類しかありません。享受の快はそのうちの一つとして位置づけられているわけです。該当箇所を引用してみましょう。

快の感情に関連して対象は、快適なものか、美しいものか、崇高なものか、（端的に）善いものか、これらのいずれかに数え入れられなければならない。［『判断力批判』上

巻、一四三頁〕

人間が感じる快の感情の対象は四つしかないとカントは言い切っています。これは驚くべきことではないでしょうか。

快というのは、人によって、その時の気分によって、色々な種類があると考える人は多いでしょう。しかし、概念として突き詰めて整理すれば、それらはいずれもこれら四つのどこかに入るというわけです。実に面白い断言です。そして、快の対象が四つしかないというこの断言は極めて重要な問題を提起することになります。

さて、一目しただけで直感的に分かると思いますが、これら四つのうち、「美しいもの」「崇高なもの」「善いもの」は高次の能力に関わっています。これら三つは世間一般においても高級なものと考えられていると言ってよいでしょう。カントはこれらの快の根拠を徹底して考えたわけです。

以下では、まず、これら三つの高次の能力の実現の方を見ていきます。同じく快の一つに数え上げられながらも、低次である点で他の三つとは異なる「快適なもの」、すなわち享受の快は、それらとの差異においてうまく理解されるようになると思われるからです。

気持ちよくなるから親切にする？——善について

快の四つの対象の中から、最初に取り上げたいのは善です。

そう聞いて、一瞬、不思議に思うかもしれません。美しいものが快の対象だというのは十分に納得がいくと思います。しかし、善が快の対象だというのはそのままでは受け入れがたいことではないでしょうか。実際、カントもまた、善はまずは、快や満足を完全に排除して定義されなければならないと考えています。

このことを思うとき、いつも思い出すエピソードがあります。以前、とある小学校で「人に親切にすると気持ちがいいよ」というポスターを目にしたことがありました。その時に僕は、「ああ、何という道徳的堕落だろう。カントがいたらここで怒り出すに違いない」と思ったのです。だって、気持ちよくならないならば人に親切にしないのかという話じゃないですか。これほどカント哲学に反する言葉はない。

けれども、これはカント哲学など知らなくても、誰もがなんとなくそう思うことではないでしょうか。「気持ちよくなるから人に親切にする」という人に出会った時、「この人は実に道徳的な人だ」と思うでしょうか。思いません。これと同じくカントもまた、気持ちよくなるからなどの動因によって善いことをする人を我々は決して道徳的とはみなさない、と言いました。

ところが、なぜ人間がそう思うのかの理由をカントは説明しません。我々にしても、それはなぜなのかを説明しろと言われたらうまく説明できない。けれども、確かにそう感じる。理由はよくわからないけれども、気持ちよくなるからといった理由で善行を為す人を我々は道徳的とは見なさない。

これが意味しているのは、人間は善とは何かを教わらずとも、事実として、それが何かを知っているということです。この事実をカントは「理性の事実」と呼びました。人間にはあらかじめ道徳的観念が備わっている。事実としてそうであるというわけです。

このような事実性に基づいて善を巡る倫理学を構築したカントのやり方は実に興味深いと思います。善とは何かについて、それこそ古代ギリシアからたくさんの議論がある。

哲学者たちはその内容を定めようとしてきた。それに対してカントは、そもそも我々は善とは何かを知っているではないかと考え、そこから倫理学を構築した。

もちろん、このように言うと、「人間には悪を犯す人もいるじゃないか」という反論が返ってくるでしょう。当然です。もちろん悪を犯す人間がいます。しかし、彼らも善が何であるかは知っている。だから、悪を為す時、人はそれが悪だという意識を持っているし、そういう意識をもたないためならば、何とかして理由をこしらえようとさえする。良心の呵責に悩まされないようにするためです。

悪を犯す人間ですら事実として善が何かを知っているということは、善を知っているからといって、必ずしもそれを為し得るわけではないということです。人間が善を為すためには、したがって、何か勇気のようなものが必要になるわけです。

「善であるから善を為す」

先の親切の例に戻りましょう。カントの倫理学に照らして言うならば、「気持ちよくなるから人に親切にする」という振る舞い方は低次の欲求能力の実現と言えます。何かの動因に突き動かされて、この場合ならば、「こんな風に振る舞うと自分は気持ちよくなるから、そう振る舞おう」と考えて行為することは、低次の欲求能力の実現です。

では高次の欲求能力の実現とは何か。それは、「これはやらなければならないことだからやるのだ」という形で行われる行為に他なりません。善はただ善であるという理由だけで為されなければならない。

ポイントはここで善の内容が事前に確定されていないことです。善は善であるが故に為されねばならないと考えたカントは、「これは善であるから、この善を為さねばならない」という形式だけに注目したのです。そのような形式に沿って行為する時、その人は道徳的であり、高次の欲求能力を実現していると言われます。

この形式をカントは「定言命法」と呼びました。「意志の格率（行動方針）が、つねに同時に普遍的立法の原理として通用することができるように行為しなさい」というのが、カントの定式化した「定言命法」です。これは高校の倫理でも学習する論点ですから、ご存じの方も多いのではないでしょうか。

カントの言葉ですから、一読しただけでは頭に入らないかもしれませんが、こういうことです。

何かを行う時、自分が従っている「行動方針」について一度立ち止まって考えてみる。さて、この行動方針は「普遍的」と言えるだろうか。いつでもどこでも、そのように振る舞うことが望ましいと断言できるだろうか。それを考えてみる。そうして考えた末に「この行動方針に従うことは、いつでもどこでも正しい」と確信できたならば、そのように行為する。カントは「立法の原理」と言っていますが、国家の法律のことを言っているのではありません。方針を立てることを立法と呼んでいるわけです。

「定言」というのは「仮言」ではないということであり、「仮言」というのは「何々ならば」という条件が入ることを意味します。たとえば、「気持ちよくなるならば親切にする」のは明らかに定言命法に反している。「気持ちよくなるならば」という条件が入っているからです。

因みにさっき「一度立ち止まって考えてみる」と言いました。しかし、考えても分からないかもしれません。いったいどうすれば行動方針の普遍性にたどり着くことなどできるのだろうかとすら思います。

これはつまり、カントの倫理学が、この定言命法の試みを通じて、人間が成長し、そのような判断を下せるような主体になるというトレーニングの側面を含んでいることを意味します。カントの倫理学は、定言命法が実現できるような人間へと成長することを、我々に求めているわけです。

「どうしてなのかはよくわからないけれども」

僕はカント哲学の一つのポイントは、その議論が、「どうしてなのかはよくわからないけれども」に依拠しているところだと思います。実は哲学史においては、この点が批判もされました。きちんと根拠づけられていないではないかという批判があったわけです。その批判には一理あると思います。

ただ他方で、カントがいつも人間の能力の限界を見定めていた哲学者であるということも指摘しなければなりません。カントの言葉に「我々には何を希望することが許されているか」というものがあります。「希望するだけなんだから、そんなことその人の勝手じゃないか！」と思いますよね。

でも違うんですね。人間は希望するべきでないことを希望することがある。なぜならば人間はしばしば傲慢になるからです。たとえば、或る社会プランに沿って社会全体を作り変えてしまえば平和が訪れると希望する人がいたとして、その人にその希望を実現するだけの権力が与えられたとしたらどうでしょうか。誰か一人が考えたプランで社会のすべてを作り変えてしまってよいのでしょうか。そもそも人間に社会の全体を把握することなどできるのでしょうか。そういう傲慢に対する厳しい視点がカントにはあります。

何を論じるにしてもカントは人間の知性に限界があることを忘れておらず、したがって、「どうしてなのかはよくわからないけれども」というモーメントが出てきても決してたじろがないのです。知性の限界の中で最大限の努力をするのがカント哲学なのです。

カントの「目的」

さて、どうしてなのかはわからないけれども、何が道徳的で何が道徳的ではないかが人間には分かっています。これは言い換えれば、人間には既に自分のあるべき姿が分かっているということです。カントはこのあるべき姿を人間にとっての「目的」と言いました。人間には、あらかじめ目的がインストールされている。

目的があらかじめ人間にインストールされているということは、人間はこの目的から逃れられないということです。つまり、人間は道徳的であろうとすることを義務づけられているわけです。

ここから享受についてのカントの実に興味深い一言が導き出されます。

ある人間がたんに享受するためだけに生きており、そのひとの現存が（そしてたとえ、そのひとがこの点ではどれほど熱心であろうとも）、それ自身である価値をもつことを、理性はけっして納得させられることはできないであろう。（『判断力批判』上巻、六二頁）

この一節は決して難しいことは言っていないと思います。どれほど熱心であろうとも、何かを享受することのためだけに生きるのは、人間のあるべき姿ではないということです。人間の目的を既に知っている理性は、享受のためだけに生きている人間の生き方には納得しない。つまり、我々はそのような生き方に納得できない。

ただここでのポイントは、カントが「享受するな」と言っているわけではないということです。「享受のためだけに生きているのはだめですよ」と言っている。人間は確かに自らのあるべき姿という目的のために生きることを義務づけられているけれども、人間の生がこの目的への奉仕に満たされるべきだとまでは言っていない。人間の生の中に享受の快、すなわち快適なものが存在する余地を認めている。つまり、目的への奉仕は義務だけれども、目的からの自由が全く認められていないわけでもないのです。

この点についてはまた後に戻って考えてみましょう。

「このバラは美しい」――美について

次は美についてです。これはカントの『判断力批判』の中で最も有名な議論でしょう。ここに言われる美の意味するところを理解するには、それが何と異なっているのかを知るのが手っ取り早い。その場合、次の三つの例を考えることができます。

（一）「このバラは美しい」
（二）「バラというものは一般に美しい」
（三）「このバラは好ましい」

（一）が趣味判断で、（二）が論理的判断、そして（三）が感官判断と呼ばれています。美が対象になっているのは（一）の趣味判断です。つまり（一）が他の二つとどう違うのかが問題であるわけですが、今日のお話の観点からは、（三）が重要になります。（三）の感官判断は快適なものに対応しているからです。こちらから説明しましょう。
しばしば（一）と（三）の関係は次のように説明されます。

「このバラは好ましい」という判断は、「私はこのバラが好きだ」ということを意味しています。つまり、「このバラを眺めて楽しんでいる時に私は快適だ」ということです。快適であるとの判断は、したがって、個人的な判断の域を出ないし、それを出ようともしていません。

それに対し、私が「このバラは美しい」という判断を下した時、それは決して「このバラは私にとって美しい」という意味ではない。そのような言い方をする人がいたら、その人が言っているのは結局、「それは私にとって好ましい」という意味でしかない。というのも、「美しい」という判断を下す時、我々は、「どんな人だってこれを美しいと思うはずだ！」という強い確信を抱いているからです。

快適さの判断はあくまでも個人的なものに留まるけれども、美しさの判断は個人の判断を超えて万人の同意を要請する――ここに美なるものの特徴があります。

これは実に説得力のある説明だと思います。ただ、僕はここでも、この議論を別様に読んでみたいと思います。

快適なものから美しいものへと議論を進めると、美しいものの方が重要に思えます。美しいものにこそ深みがあり、そこにこそ議論を尽くすべきであって、快適なものはさらりと触れておけばよいものに過ぎないように思えます。実際、美しいものについての判断は高次の能力の発揮であるわけです。美しいものの方がレベルが高いわけです。

しかし、美しいものから快適なものへと議論を進めたらどうでしょうか。美しいものは人それぞれではない。快適なものは人それぞれである。美しいものは万人の同意を要請するが、快適なものは個人の楽しみそのものである。こう考えてみると、快適なもの、あるいは享受の快が、それぞれの人の個性のようなものと切り離せないことが分かります。美しいものに触れることは素晴らしい経験です。それを否定する必要はないし、否定されてはならないでしょう。しかし、それと同じぐらい、快適なものも各人にとって大切なものではないでしょうか。それはその人の感性や感覚そのものに根ざしているのですから。

美の判断の場合とは正反対に、自分にとって好ましいものを他人に押しつけることはできません。そして自分にとって好ましいものを否定されるいわれもない。それぞれの人には他人にはなかなか理解できない快適なものがあるだろうし、また、他人にはなかなか理解できない快適なものをもっていることはその人にとって大切なことでしょう。

快適なものの判断が人それぞれでなくなる社会

快適なものは、それが個人的なものに留まるがゆえに大切です。しかし、美と比較しながら、むしろ快適なものに注目した場合に検討しうる論点はこれだけではありません。

ここから更に、快適なものの危機、享受の快の危機について論じることもできるでしょう。

カントは快適なものについて、その判断は人それぞれであると言っています。つまり、好みというものは人それぞれだというわけです。こうして快適なものの判断の個別性を前提しているからこそ、個別性を超えて普遍性を要求する美の判断のレベルの高さも読者に強く印象づけられるわけです。

しかし、快適なものについての判断は人それぞれであると無前提にそう考えることができるでしょうか。快適なものの判断が人それぞれでなくなってしまう状態について考える必要はないでしょうか。たとえば、「これこそが快適なものであるから、君たちはこれを享受しなさい」と、人びとが幼い頃から特定の享受の対象を与えられ続けている社会について考えることはできないでしょうか。

快適なものの判断が人それぞれであるためには、各人が異なった感性を幼い頃から養ってきていなければなりません。それがいわゆる個性の根拠の一つです。しかし、感性の養い方が産業によって誘導され、産業に奉仕するように一様に定められてしまう事態が考えられます。

僕が考えているのは、資本主義、消費社会、そして文化産業の問題です。ここでは消費社会という言葉で問題を代表させましょう。この問題は『暇と退屈の倫理学』で詳しく論じましたので、ぜひそちらを参考にしていただきたいのですが、この問題を考える上で重要なのは、人間は放っておいても何かを享受できるわけではないということです。何かを享受する仕方をまだ十分に学んでいない段階で、次々に「これを享受せよ」と商品を送り込み、人びとの享受の感覚を支配してしまう。それが消費社会です。

たとえば、土曜日にテレビをつけると、今流行のお店を紹介する番組が流れています。もちろん、次の日にその店に行ってもらうためです。そして、その人は「これが快適なものなのだ」となんとなくそう学ぶ。そういうことを続けていたら、つまり、マスメディアから流れてくる「これを享受せよ」というメッセージばかりを受け取っていたらどうなるでしょうか。

カントの時代にはそんなことは考えられませんでした。資本主義はまだまだ局地的なものに留まっていたからです。しかし、今はそれを大前提にしてものを考えなければなりません。そうすると、実は、快適なものの判断は人それぞれであるというカントの前提をそのままでは受け入れられなくなってしまうのです。

カントの分析が無効になったという意味ではありません。というのも、「これは私にとって好ましい」という判断が普遍性を要求しないことに変わりはないからです。そうではなくて、「これは私にとって好ましい」という判断を、誰もが同じ対象に対して下している、そのような事態が訪れているのではないかということです。

すると、カントの分析が無効になっているどころか、カントの分析から、消費社会に対する対抗策すら導き出すことができるでしょう。

それは美の判断の経験を大切にするのと同じくらいに、快適なものの経験を大切にすることです。何かを享受する機会を、更には、何かを享受することを学ぶ機会を、産業に奪われないようにすることです。

享受の快を得るためには、何かを享受できるようになっていなければなりません。カントは『判断力批判』の中で快適なものを説明するにあたり、カナリア諸島産のワインという例を挙げていますが、ワインの味を楽しめるのは、ワインを楽しめる味覚を既に身につけているからです。そして、何かを享受できるようになるのは、それを享受することによってです。享受はその人の感性や感覚を育てる。

享受の快を大切にすることは、一人一人の自分なりの感性や感覚の養いを大切にすることです。そしてそれは単に個人的な問題ではない。消費社会に取り囲まれている以上、これは政治的、社会的、経済的な問題であるのです。

構想力と悟性

今度は、(一)趣味判断「このバラは美しい」と(二)論理的判断「バラというものは一般に美しい」の違いについて見ていきましょう。この場合、違いそのものは非常に単純です。

論理的判断の場合、「バラというものは美しいものである」という一般的な概念が前提になっています。その人が何度もバラを見てそのような概念を形成した場合もあるでしょうし、一般にバラというのは美しいものの象徴ですから、世間からその概念を受け取ったこともあるでしょう。

それに対して、「このバラは美しい」という判断は、あくまでもこ、の、バラに対して下されるものです。美しい対象は常に個別的であり、その人がはじめて出会った対象です。それまでに何度もバラを目にしたことはあっても、今、ここで出会ったこのバラは個別的であり、その人にとってはじめて出会った対象に他なりません。ですから、「美しい」という判断は概念を前提にできないのです。

概念を前提にしているか否か。これが（一）と（二）の違いです。美についての判断は、美しさとは何か、何が美しいものかを説明する概念を前提にしていないところに最大の特徴があります。

しかしここに一つの謎が生まれます。概念がないということは、何らの規則もそこに前提できないということです。つまり、これこれの条件を満たせば美しいと言える、そのような条件は考えられないということです。にもかかわらず、我々は「美しい」という判断を下し、その判断に誰もが同意することを確信し、しかも、大抵の場合には美しいものには普遍性があるわけです。

もちろん、大抵の場合には美しいものに普遍性があるとはいっても、美しいとされている対象をかき集めたところで、美しさの条件が得られるわけではないし、我々はそのような条件を学んだから美の判断を下すわけではない。

これが美しさの謎です。たとえばプラトンだったら、僕らがこの世に生を受ける前に、イデア界において美のイデアを見ていたからだと説明するでしょう。今ではこのような考えを真に受ける人はいません。しかし、イデアのようなものを前提せずに、どうやって先の謎を解けばよいのでしょうか。イデア界の実在は信じないとしても、美の本質のようなものがあると考えたくなるのは少しもおかしなことではないのです。

イデアに頼ることなくこの謎に果敢に取り組んだところに、『判断力批判』のすごみの一つがあります。カントは個人的な判断が、それを超えた普遍性を要求するものにまで高まる仕組み、まさしく、高次の能力が発揮される仕組みを解き明かそうとしたわけです。

この仕組みの中で大きな役割を果たすのが構想力と悟性です。カントは人間の心を、感性、構想力、悟性、理性という四つのアクターが働く職場のようなものと考えました。その時その時の仕事に応じて、これら四つのアクターの役割が変わります。特に、どれが主導的役割を果たすのかが変わります。美の場合は、構想力と悟性が主人公というわけです。

構想力というのは想像力、イマジネーションのことです。カントの邦訳では伝統的に、「想像力」ではなくて「構想力」と訳されてきました。「構想力」という言葉の力強さが、カントがこの言葉に込めたニュアンスをよく伝えているからではないかと思います。

カントは、構想力のことを、現前していなくともその対象を直観する能力だと言っています。これは僕らの想像力という語の使い方にも一致するものでしょう。たとえば、未来を想像してみるというのは、目の前にない未来を、目の前にないにもかかわらず、何らかのデータとして受け取ることを意味しています。そう考えると、構想力というのはすごい能力です。存在しないものを存在させてしまう魔法のような力です。人間にはこの魔法のような力が備わっているのです。

悟性は日常語ではなじみのない語ですが、英語では「アンダースタンディング」と訳されます。理解力のようなもので、概念的思考を担当しています。概念的思考とは、対象を概念として把握することであり、概念として把握するとはそこに何らかの規則性を見いだすことを意味します。

たとえば、たき火に近づいて熱いと感じた時、熱い炎に近づいたから熱いのだとこの事態を理解したならば、その人は原因と結果という因果性の概念を用いていることになります。この具体的な経験の中に、規則性を見いだしているわけです。

しかし、そのようにして経験を概念化するためには、ナマの経験のままではだめで、これを概念にうまくフィットするようなものに変えなければなりません。現実の経験はあまりにも複雑な要素を無数に含んでおり、これをたとえば因果関係という概念に当てはめるには、何らかの形式化が必要なのです。

この形式化を「図式化」と言い、カントによれば物事を認識する際、構想力がこの図式化を担当しています。なぜ構想力がこれを担当しているのかというと、多様な現実を概念で扱えるようにするためには、既知の概念の手前で、現実に当てはめる型のようなものを毎度作り出さなければならないからです。整理の仕方を考えると言ってもいいかもしれません。

ここで、構想力がもつ、目の前にないものを作り出す作用が大きな役割を果たすというわけです。構想力は、悟性が現実の表象をうまく扱えるように、悟性の方を向いて、悟性のことを考えながら、この図式化という作業を行っています。カントは認識のメカニズムをこのように説明しました。

逆転する関係性

いま、認識においては、構想力は悟性の方を向いて、悟性のことを考えながら、図式化を行っていると言いました。つまり、主導的な役割を果たしているのは悟性です。構想力はこの場合、上司がプレゼンで使う資料の整理を任され、上司がプレゼンをやりやすいようにそれらをレポートにまとめている、そんな上司想いの部下のようなものです。

ところが、しばしば、この構想力と悟性の関係が一変する不思議なことが起こります。見たこともない素晴らしい対象に出会った時、構想力が悟性から頼まれているわけでもないのに、悟性の都合など考えもせずに、その対象に引き込まれ、それについて省察を続け、その図式化を行ってしまうということが起こるというのです。

しかもその図式化の仕事を脇で見ていた悟性が、この図式化の結果の中に、お得意の概念的思考で規則性を見いだしてしまう場合がある。いつもは悟性が指示を出していたのに、悟性の指示無しで両者のコラボレーションが成立してしまう状態です。自分が何かを頼んだわけでもないのに熱心に仕事をしている部下を見た上司が、部下の書いているレポートに目が行って、「君、それは何のレポートなの⁉　すばらしいじゃない！」などと感動する事態とでも説明すればいいでしょうか。

カントはこの事態を説明して、構想力が概念なしで図式機能を営むと言っています。その結果に悟性が規則性を見いだすわけです。概念を前提していないのに、対象に規則性が見いだされる。規則はなかったのに、まるで規則にしたがっていたかのように、「こうであるべきだ」と感じられるというわけです。これが美の正体なのです。

美しいバラを見た時、僕らはそこに何らかの必然性のようなものを感じます。以前からこのような形こそ望ましいと思っていたわけではないのに、この形であることには必然性があり、これはこうでしかあり得ないと感じる。つまり、規則がないのに規則性を感じる。規則性を感じるからこそ、誰もがこの規則性を分かるはずだという感覚も生まれる。つまり、判断への万人の同意を確信する。

また、構想力と悟性の予期せぬコラボレーションは双方を活気づけます。構想力は自分の仕事が認められたことがうれしいし、悟性は自分の得意とする、規則を見いだす作業にピタリとくる成果物を受け取れたことがうれしい。上司と部下が「うまくいきましたね！」と、手を取り合って喜んでいるような感じです。

この喜びこそ、美がもたらす快に他なりません。美はいわば心という職場を活気づけるんですね。

そしてその出発点には、構想力の自由な活動がある。部下に或る程度の裁量が与えられている職場において、部下の自由な判断が、上司も認めうる成果を出したならば、職場は活気づくでしょう。裁量を、つまり自由を与えておいてよかったと上司は考えるでしょう。

すると逆に、雰囲気が悪化している職場を、危機に瀕した心の状態の比喩として考えることもできるかもしれません。構想力に全く裁量が与えられておらず、自由な活動が許されないような心です。心がそのような状態に陥ってしまうと、何らかの美しい対象に刺激されても、構想力の自由な図式化が起こらないので、美の快を感じることができない。部下が、上司の頼んだ仕事しかしない職場のようなものです。

また、構想力が単に自由奔放に振る舞うだけでもダメだという点も重要です。構想力の自由な活動の成果物は、悟性によって規則性を発見されるものでなければならない。そうでなければ、美というよりも単なる夢想になってしまう。上司が常に気にしている条件や規則を全く無視して、部下が独りよがりのプランを出してくるようなものです。

目的なき合目的性

このように美とは、規則はないのに規則的であるもの、概念なしで必然性を感じさせるものを指しています。「こうであるべきだ」と、何かに依拠しているわけではないのにそう感じる状態。これをカントは「目的なき合目的性」という有名な言葉で説明しました。

善のところで説明したように、目的とはその対象のあるべき姿を意味します。善の場合には目的があらかじめ与えられていた。人間は自分たちのあるべき姿を既に知っていた。美の場合にはそうはいきません。対象のあるべき姿があらかじめ与えられることはない。しかし、まるで目的に適《かな》っているかのような感覚を与える対象があって、その時に我々が感じるのが美であるわけです。

目的なき合目的性という言葉は、一見すると受け入れがたいようにも思えますが、こうして考えてみれば決して突飛なアイデアではないと分かります。そのあるべき姿をあらかじめ知っていたわけではないのに、目の前にある対象はまさしく今あるがままの姿であるべきだと、そう感じる。これは日常的にも体験することだと思うんです。

この前、自宅で庭仕事をしていたら、梅の木の横に五十センチぐらいの長さのやや太めの茎が生えていたのを見つけました。何だろうと思っていたら、二日後ぐらいにぶわーっと赤いきれいな花が咲いた。僕は花についてまったく明るくないので調べてみたら曼殊沙華でした。彼岸花とも言いますね。

驚くほどきれいでした。非常に複雑な形をした花です。茎の先に反《そ》り返った花弁があり、ヒゲのような長い雄しべと雌しべがそれを取り囲んでいる。そして真っ赤です。こんな複雑な形をした花ですが、僕は見とれてしまい、「世界中の誰もがこの花を見て美しいと判断するに違いない」とカントのようなことを考えてしまった。ちょっと感動的な経験でした。

なぜあんな複雑な形のものに美しさを感じるのでしょうか。あらかじめ規則が与えられているわけではないのに、そこに規則性を感じてしまうというのはこういうことなのかなと思いました。あんな複雑な形を、花のあるべき姿として僕が知っていたはずがない。むしろ、庭の彼岸花によって、この形についての規則性を教えてもらったような感覚です。

これが目的なき合目的性ということなのでしょう。確かにその快が高次の快と言われるのも分かる気がします。

不快から快へ——崇高について

次は「崇高」を見ていきましょう。

英語では sublime と言います。カントによれば崇高とは、我々を圧倒する「物凄い」ものに対して抱く感情です。例として、アルプスの雄大な景色や猛烈な嵐が挙げられています。

崇高はどこか奇妙な感情です。物凄いものに圧倒されたのならば、それは不快であるわけです。ところが、その不快感がやがて不思議な満足感に至る。これが崇高です。

崇高を経験することは現代人には稀になっているのではないかと思うのですが、いかがでしょうか。僕も崇高の経験があるかというと、パッと思い浮かばない。十八世紀と比べて、我々の自然に対する感覚も、自然に立ち向かうための技術も大きく変わっています。ですから、崇高と言っても全くピンとこない人もいるでしょうが、カントの議論をもとに頑張って説明してみたいと思います。

物凄いものによって圧倒されるということは、その対象が人間の認識の容量をはるかに超え出ていることを意味します。にもかかわらず、最終的に或る種の快が生まれる。なぜか。圧倒的なものを経験することで、人間が自分の中にある力に気づくからです。その結果、人間の心が活性化される。これが快に転じる理由です。

先ほど論じた構想力がここでもカギになってきます。

物凄いものに出会った時も、構想力はその全体を把握しようと働きを始めます。しかし、構想力は到底これを図式化できません。というか、図式化できないほどに物凄いものが崇高では問題になるのです。したがって悟性も横で見ているだけです。構想力は自らの無能を思い知ります。不愉快な状況です。これこそが、物凄い対象に圧倒された時に最初に訪れる不快の正体です。

ところがそこに別のアクターが関わってくる。理性です。理性は理念を扱うことができます。理念とは、認識はできないが考えることはできる、そのような対象を扱うものです。たとえば、我々は宇宙の全体を見通すことはできません。認識もできません。それが構想力の限界です。しかし、「宇宙全体」という理念によって、それについて考えることはできるわけです。

理性は理念を構想力に突きつけて、この物凄いものの全体を把握するようプレッシャーをかけてきます。「なんでこんなこともできないの？」とでも言わんばかりです。落ち込んでいた構想力はその時、「なにくそ！」と奮起する。そして、この理念に見合うものへと自らを高めようと決意するのです。カントの言葉では、「法則としての理念との適合を実現すべきであるという自分の使命」〔『判断力批判』上巻、一三〇頁〕を構想力が再認識するのだと言われています。

理性と構想力は対立しています。しかし、構想力のこの気づきは、心という職場全体を活性化します。そして人間の主観は全体として次のように考えるようになります。人間はちっぽけな存在だ。しかし、人間にはそんな自然をも包み込む理念を作り出す力が備わっている。自然に負けない人間性を人間は持っているのだ、と。

物凄いものによって圧倒されているという事実そのものがこれによって変わるわけではありません。物凄いものの経験の解釈の仕方が変わっただけです。ですから、物凄い風景自体が崇高なのではありません。物凄い風景に圧倒されるという不快な経験をきっかけとして、人間が自分自身を再発見するという一人芝居のような過程の中で感じられるのが崇高の感情に他なりません。その再発見の瞬間に快があるというわけです。

心という職場の中で、失敗と対立が起こりつつも、そこから生まれた対抗心が職場全体を活性化させ、それによってその職場全体が使命感に燃え始める。ドラマだったら、その瞬間、感動的な音楽が流れ始めて、「こうして彼は自らの使命を再発見することになったのである」と田口トモロヲ風のナレーションが入るところでしょう。

この過程で発見される人間性は道徳性を含んでいるとカントは言います。つまり、これは人間の目的、人間に備わっていた自分たちのあるべき姿の再発見でもあります。その意味で、崇高もまた合目的性を持ちます。これこそ崇高の感情が、高次の感情能力の実現である所以です。

但し、構想力と理性の抗争は未解決のままです。だから、美のようにスッキリとした合目的性ではなくて、矛盾をはらんだ合目的性ということができるでしょう。なにかスッキリしないところが残る快であるわけです。

目的からの自由――快適なもの

ここまでカントによる四つの快の対象のうち、善と美と崇高の三つを見てきました。これらはいずれも高次の快に分類されます。

これら三つの快に共通しているのは、いずれも目的か合目的性を持っているということです。つまりこれら三つはいずれも、何らかの「こうあるべき」に関わっている。道徳に関わっている善は目的、つまり「こうあるべき」そのものです。美もまた、構想力の自由な振る舞いと悟性との一致によってもたらされた目的なき合目的性の経験です。崇高は不快からスタートしたけれども、最終的に人間性という「こうあるべき」の発見に到達する。

これらと比べた時、低次の快である快適なものには何が欠けているかというと、目的や合目的性に他なりません。そこには全く「べき」がありません。

したがって、まずこのように言うことができます。高次の快と低次の快とを分け隔てるのは、目的ないしは合目的性の有無である。レベルの高い快は何らかの「べき」と結びついており、レベルが低いものはそれとは無関係である。快適なものを楽しんで得られる享受の快には、目的も合目的性もない。

但しここで、目的という語の二つの意味が問題になります。

低次の欲求能力

この表を見てください（第一章85頁既出）。この表こそは、今回の研究の出発点となったものであり、また研究において僕の考えをガイドしてくれたものです。

欲求能力と感情能力のそれぞれに高次と低次があるわけだから、全部で四つのケースが考えられます。数学の座標平面に倣って、これらを四つの象限に配置しました。右上の第一象限が高次の感情能力（①）、左上の第二象限が高次の欲求能力（②）、左下の第三象限が低次の欲求能力（③）、右下の第四象限が低次の感情能力（④）。

【表2】（カントの著作をもとに著者が作成）

	『実践理性批判』 欲求能力	『判断力批判』 感情能力
能力の高次の実現	② 端的に善いもの： 道徳的存在者としての人間の目的 形式（定言命法）	① 美しいもの： 目的なき合目的性 崇高なもの： 人間性という目的
能力の低次の実現	③ 間接的に善いもの： 設定された目的にとって 手段として有用なもの 内容（生存、安楽な暮らし等） 目的–手段連関	④ 快適なもの： 享受の快

ここまで論じてきた四つの快の対象は、当然、次のように配置されます。美と崇高は第一象限（①）に、善は第二象限（②）に、そして、快適なものは第四象限（④）に。

このように表にしてみると、四つの快の対象が四つの象限に均等に配分されていないことに気づきます。つまり、第三象限（③）の低次の欲求能力は、快の対象ではないとされているのです。低次の欲求能力の実現は快をもたらさない。

これは実に興味深いことです。カントは、低次の欲求能力の実現がある種の「満足」をもたらすという言い方をすることがあります。「満足」は「快」よりも広い意味で用いられている語であり、四つの快の対象もまた「満足」の語でしばしば言い換えられます。
しかし、重要なのは、快適なものが善や美や崇高と同じ用語で説明されており、低次の欲求能力はその用語では説明されていないということです。第四象限と第一、第二象限を説明する用語は、第三象限には適用されないのです。なぜか。

　そもそも低次の欲求能力の実現とは何だったでしょうか。これは決して理解するのが難しいことではありません。先には、気持ちよくなるからという理由で人に親切にすることという例で説明しましたが、第三象限は、カントが言う意味で倫理的でないことのすべてを含んでいます。我々は日常のほとんどの場面において、カントが求めるようには振る舞っていません。つまり、我々の日常の振る舞いのほとんどは、この第三象限に位置づけられるわけです。

　カント自身は低次の欲求能力について、「あらかじめ設定した何らかの目的を達成するのに役立つから善い」という理由で何事かを為すことと言っています。「あらかじめ設定した目的」とは、たとえば生存とか安楽な暮らしといったもののことです（『人倫の形而上学の基礎づけ』平田俊博訳、岩波版全集第七巻、一四～一五頁）。

いい会社に入りたいから受験勉強をするのは低次の欲求能力の実現です。「いい会社に入る」という目的のために、受験勉強が手段として有益であると考えられているからです。

第四象限を第三象限から区別すること

厄介なのは、たとえばリラックスしたいと思ってワインを飲むのも低次の欲求能力の実現であり、第三象限に位置づけられるということです。しかし、ワインという快適なものを享受して得られる快は第四象限に位置づけられていました。

ここで事態を整理する必要があります。

快適なもの、享受の快そのものは確かに第四象限に位置づけられます。しかし、それを手段として欲求する行為そのものは第三象限に位置づけられる。その意味で、第四象限と第三象限は強く結びついていると言えます。

これは決して理解が難しいことではありません。空腹の中で食事を求める時、人は第三象限の中にいます。そして空腹を満たすという目的のために食事という手段が得られた時、人は何らかの「満足」を得るでしょう。それは目的達成の満足です。

しかし、その後、食事を食べながら得られる快は、目的達成の満足とは別物です。その食事は目的が達成されたからおいしいのではないのです。食事は目的達成のために手段として有用だから美味しいのではありません。ただ単においしいのです。

また、嗜好品の定義が「栄養のためでなく、味わうことを目的にとる飲食物」であったことの意味もここから分かります。快適さを得ようと嗜好品を求める時、確かに「味わうこと」は目的です。実際に入手できたならば、目的達成の満足もあるでしょう。しかし、実際に嗜好品を味わっている時には、もはや目的は関係ありません。嗜好品はただ直接に快適であるのです。

手段化の問題

こう考えてくると第三象限と他の三つの象限との違いが明確になってきます。第三象限は目的だけでなく手段の概念を含んでいます。ある設定された目的のための手段として有用なものが、この象限の対象とする善であるからです。

カントはこれを「間接的に善いもの」と呼び、第二象限の「直接的に善いもの」（端的に善いもの）から区別しています。直接的に善いとは、すなわち、何かを手段にすることがないということです。人間のあるべき姿は、善いものだから追求される善いものであるわけです。

第一、第二象限も目的ないしは合目的性の概念を持っていましたが、第三象限はそれらから明確に区別されねばなりません。第三象限だけが手段の概念をもっているからです。手段の概念こそ、第四象限と第一、第二象限を説明する用語、すなわち快が、第三象限には適用されなかった理由を説明するものです。

四つの快の対象はすべて直接に人を満足させる。ところが第三象限、間接的に善いものは、「これはあの目的を達成するための手段として有用である」という仕方でのみ人を満足させるのです。第三象限で問題になるのは、目的‐手段の連関であると言ってもいいでしょう。

第三象限において行為する時、我々は必ず何かを手段と見なしています。何かのために何かが善いという考え方そのものが手段化をもたらします。第三象限を特徴付けるのは、他の象限には見られない手段化という性質に他なりません。

全四象限の関係

ここで全四象限の関係を整理してみましょう。

・第四象限とその他三象限（第一、第二、第三象限）との違い
——第四象限だけが、目的とも合目的性とも関係を持たない。
・第三象限とその他三象限（第一、第二、第四象限）との違い
——第三象限だけが、手段の概念を含んでいる。

更に焦点を絞って違いを見てみましょう。

・第二象限と第三象限の違い
——どちらも善であり、どちらにも目的の概念が含まれているが、直接的に善いも

の（第二象限）に手段は関係しえない。それに対し、間接的な善（第三象限）は、設定された目的のために有用だからという理由で、何かを手段として善と見なす。

・第三象限と第四象限の違い
――両者は強い結びつきをもつが、第三象限が目的のみならず手段の概念をも含んでいるのに対し、第四象限は目的の概念も手段の概念も含んでいない。

第三象限の持つ手段性は他の象限と比べたときに際立っています。第三象限だけが、何かを、何かのために役に立つという視線で眺める。そして手段化する。手段化には大きな危険がつきまといます。その危険については後述するとして、ここでは次の点に注意を促しておきたいと思います。

手段化の危険をもつ第三象限と隣合わせである――つまり同じく低次の能力の実現である――第四象限は、その第三象限との強い結びつき故に、第三象限によって汚染され、手段化されてしまう可能性があるという点です。

第四象限の手段化——健康について

目的からも手段からも自由であるはずの第四象限は、第三象限によって汚染され、手段化される場合がある。どういうことでしょうか。強く印象づけるために「汚染」という強い言葉を使いましたが、これはもちろん僕の言い回しであり、カントがそう言っているわけではありません。

しかし、カントははっきりと第四象限が第三象限に飲み込まれてしまう可能性に言及しています。取り上げられているのは、「健康」という快適なものです。

まず健康が直接に快適なものであることが指摘されます。

健康は、これを所有するどのひとにとっても直接に快適である（少なくとも消極的に、すなわちすべての肉体的な苦痛を取り除くこととして）。〔『判断力批判』上巻、六二頁〕

健康は快適なものに分類されています。「直接に」という語は不要とも言えます。快適なもの（④）は、低次の欲求能力（③）とは異なり、間接的に作用するものではないからです。とはいえ、わざわざそう言われているのは、健康という快適なものの直接性を強調するためとも理解できるでしょう。そしてそれは自明と言ってよい。健康な人は健康なだけで快適です。よく眠れて、朝、気持ちよく目覚めることができる。ご飯も美味しい。健康であることによる快を人は様々な形で享受します。

ところがこの健康の直接性はたやすく間接性と関係づけられてしまいます。僕の言葉で言えば、第三象限によって汚染されてしまいます。どういうことか。カントはこう指摘します。

しかし、健康は善いものであると言うためには、さらに健康を理性によって諸目的へと差し向けなければならない。〔同前〕

これは極めて重要な指摘です。カントによれば、健康という快適なものは、理性によって目的へと差し向けられることで、善いものに変貌しうるのです。言うまでもなく、ここで言う善いものとは、間接的に善いもののことに他なりません。あらかじめ設定された何らかの目的にとって手段として有用であるから善いとされるもののことです。

健康が善いものとされるや否や、それは手段化されます。この場合、複数の目的および手段の連なりが即時に想起されます。たとえば、長寿を全うするとか、定年まで働くとかいった目的に健康は手段として有用でしょう。そしてその健康もまた目的として考えられますから、そのためには日常生活のあらゆるものがこの目的に奉仕するための手段として考えられることになるでしょう。

さしあたり、健康を理性によって目的へと差し向けてこれを善いものとすることの是非は置いておくとして、指摘したいのはこういうことです。健康はそもそもは直接に快適なものでした。健康である時、人はその快適さを快として享受する。けれども、それが目的-手段連関の中に置かれるとどうでしょうか。

健康であることは目的達成の満足において捉えられることになります。「私の健康は、私が善いものを実現したことを意味している」という満足です。もちろん、この満足を得つつも、同時に、健康がもたらす直接の快適さを享受することはあり得るでしょう。

しかし、その享受の快は目的達成の満足によってどこか不純なものにされています。これが僕の言う、第三象限による第四象限の〝汚染〟に他なりません。

享受の快の消滅

第四象限は第三象限と強く結びついているけれども、両者を混同してはならないということの意味が、この例でよくご理解いただけるのではないかと思います。そしてここから手段化の危険について考えることができるでしょう。

第四象限の享受の快は実は儚いものです。いつだってそれは第三象限に飲み込まれる可能性に晒されている。もしも快適さの快を享受することに慣れていなければ、第四象限は容易に消滅します。つまり、何もかもが、何らかの目的のための手段にされてしまう。

健康が直接に快適であり、人間はその快適さをただ単に快として享受するというのは、たとえば、ワインを飲んでおいしいと思うのと全く同じです。ワインはただ単においしいのであって、何か目的が達成されたからおいしいのではない。

しかし、ワイン、あるいはより一般的に言ってアルコール飲料は容易に手段化します。

それが酔うために飲む状態です。お酒を楽しむ行為そのものは目的からも手段からも自由であるのに、それが酔うという目的のための手段にされてしまう。第三象限に飲み込まれてしまう。

もちろん、つらいときに酔うためにワインを飲むことがあってもいいでしょう。酩酊状態そのものだって快適なものの一つでしょう。しかし、アルコール飲料の場合、第四象限の手段化は甚大な帰結をもたらす場合があります。それがアルコール依存症です。

アルコールを楽しむことも、酩酊状態を楽しむこともなくなり、何か日常の、あるいは過去のつらさから逃れるためにアルコールを酩酊のための手段として用いることが継続的に行われている場合、その人はアルコール依存症に陥っています。

これは享受の快が消滅し、アルコールを巡る全ての行為が手段化した状態です。もう明らかに病的な状態です。そして本人がそこから抜け出したいと思っても容易に抜け出すことはできなくなります。手助けが必要です。

アルコール依存症に陥るとアルコールが楽しめなくなるからといって、アルコールを楽しむよう努力すればアルコール依存症から回復できるわけではありません。しかし、アルコールを楽しんでいる人が、アルコールを楽しんでいられることは大切なことだとは言えます。享受の快は儚いものです。この儚い享受の快を大切にすることは、手段化への抵抗になると言うこともできるでしょう。

問題はむしろ手段

二〇二二年八月に行った講話の一部が『目的への抵抗』（新潮新書）という本になっているのですが、その中で僕は、タイトルにある通り、目的の概念を批判的に検討しました。その際に最も参考になったのが哲学者ハンナ・アーレントによる全体主義についての考察でした。

その中でアーレントは、全体主義的な支配においては、「チェスのためにチェスをすること」が許されないのだと言いました。どういうことかと言えば、単にチェスをする場合でも、「戦略的思考を身につける」とか「勝負強くなる」とか言った何らかの目的に奉仕するのでなければならないということです。ただ単にチェスを楽しむのは、全体主義においては許されないのです。構成員全員の生のすべてが、全体の目的に奉仕しなければならないからです（國分功一郎『目的への抵抗』新潮新書、一五三頁）。

アーレントは目的の概念を徹底的に批判しています。目的というのは設定されるや否や、それを達成するためのいかなる手段をも正当化しうるからです。アーレントによる実に見事な、そして強烈な目的概念の定義を見てみましょう。

目的とはまさに手段を正当化するもののことであり、それが目的の定義にほかならない以上、目的はすべての手段を必ずしも正当化しないなどというのは、逆説を語ることになるからである。〔ハンナ・アレント『人間の条件』志水速雄訳、ちくま学芸文庫、一九九四年、三六〇頁／『目的への抵抗』一五〇〜一五一頁〕

「どんな手段でも正当化されるわけではない」などという条件は、目的の概念を前にしたならば無力であるとアーレントは言っています。なぜならば、手段を正当化するものこそ目的であるからだ、と。

僕は同書の中でアーレントのこの議論に全面的に依拠して話を進めました。しかし今回、カントを読み進めながら、目的について少し別の見方ができるようになりました。

最大の問題は目的というよりも手段であり、手段化ではないかと考えるようになったのです。実際、アーレントが指摘しているのも、結局、最悪の手段が目的によって正当化される危険性に他なりません。チェスさえもが手段化される危険性をアーレントは訴えているのです。

カントによれば、手段とは無関係な直接的な目的を少なくとも考えることはできます。第二象限にある直接的に善い（端的に善い）もののことです。目的は必ずしも手段を伴っているわけではない。アーレントが批判していたのは、間接的な目的、間接的に善いもの、第三象限に他なりません。

だとしたら目的について、アーレントのように言い切れない可能性は残る。問題はむしろ手段の方だった。カントが言う直接的な目的、直接的な善をどう捉えるべきかという論点は残ります。とはいえ、手段からの解放をこそ考えるべきだという課題に気づくことができたのは、今回、頑張ってカントを読むことで得られた大きな成果でした。

違法薬物の問題

第三象限による第四象限の汚染は、今回の講話の最も重要な論点です。嗜好品という最初のテーマに戻りながら、もう少しこの点について考えましょう。

第四象限が第三象限によって完全に飲み込まれた時、享受の快は消滅しています。つまり、楽しむということがそこから消えている。たとえば、快適さをもたらすはずであった嗜好品は、その時、単なる手段になっています。

単なる手段になった嗜好品。目的に奉仕するだけになった嗜好品。先に述べた通り、アルコールはそのようなものになり得ますが、もう一つ忘れてはならないものがあります。それが違法薬物、いわゆるドラッグです。

ドラッグは嗜好品に分類されうるものです。嗜好品について論じることの難しさの一つが実はここにあります。嗜好品はドラッグと簡単には切り離せない。だからこそ、嗜好品に対する批判は根強いとも考えられます。依存症をもたらしうるし、そもそも健康に悪いではないかと言うわけです。嗜好品についての考察はこの点を避けて通ることはできません。

とはいえ、僕らは既にこの点について考えを進めるヒントを得ています。なぜならば、ここまでの考察から、薬物を嗜好品から除外しなければならない理由が得られるからです。

第四象限が第三象限によって飲み込まれることによって何が起こるか。快適なものが手段化されると同時に、享受の快が消え去るのでした。アルコール依存症に陥った時、人はもはやアルコール飲料を楽しんでいない。

では、薬物に享受の快は存在するでしょうか。あるはずがありません。薬物はそもそものはじめから手段であり、手段の権化と言ってもいい。薬物とは、何らかの目的、たとえば治療や苦痛緩和等の目的のために用いられる手段であり、手段以外のものではありません。医療においては、我々は手段として薬を必要としています。しかし薬が手段でなくなることはありえない。つまり薬物には享受の可能性はない。

ここが、嗜好品の代表である、お茶やコーヒー、お酒、タバコ、砂糖などとの決定的な違いです。これらはいずれも快適であると同時に、享受する快をもたらします。楽しむことができるものです。薬物は違います。それは楽しむものではありません。何らかの目的に奉仕する手段でしかありません。

依存症と自己治療仮説

この解釈は最近注目されている、依存症についての「自己治療仮説」という理論によっても補強されます。依存症についての理解を求めて、盛んに活動されている医師の松本俊彦さんの簡潔な説明を引きましょう。

> 自己治療仮説は、依存症の本質を「快楽の追求」ではなく「心理的苦痛の緩和」と捉える理論であり、「物質依存症者は、物質使用開始以前から心理的苦痛を抱えている」ことを想定している。〔松本俊彦「心はなぜアディクションに捕捉されるのか——痛みと孤立と嘘の精神病理学」、松本俊彦編『アディクション・スタディーズ』日本評論社、二〇二〇年、一六〜一七頁〕

この解説だけで色々なことをご理解いただけると思います。「治療」と言うと善いものとイメージされるでしょうから、依存症者が依存している物質――たとえば薬物――を肯定しているように思われてしまうかもしれませんが、そういうことではありません。依存症者は何らかの苦痛を抱えており、それに対する対抗策（治療）として、薬物等々の物質に依存している。この苦痛のことを考えなければ、依存症の治療はありえない。また、その苦痛への対抗策として、依存症者が他の方法ではなくてその物質に頼ってしまった理由や経緯や環境のことも考えなければ、依存症の治療はありえない。そういう意味です。

これは一九八〇年代半ばに提唱されたものだそうですが、僕に言わせれば、なぜこんなことにいままで医学は気がつかなかったのかと思います。この仮説が述べているのは当たり前のことではないでしょうか。かつての依存症についての理解がどれほど偏見に満ちていたかを示す何よりの証拠でしょう。アルコール依存症や薬物依存症が、幼少時の虐待など、過酷な経験との相関関係にあることも研究によって明らかにされています［上岡陽江＋大嶋栄子『その後の不自由――「嵐」のあとを生きる人たち』医学書院、二〇一〇年］。しかし、これまでの社会はただ依存症者を叱り、罰し、結果として孤立させてきたのです。

実はハンナ・アーレントは、先にも引用した一九五八年の著作『人間の条件』で、「麻薬」の常用は、この物質そのものに習慣性があるという理由で非難されているけれども、むしろその常用は、苦痛の沈静化の強烈な快感を繰り返したいという欲望に基づいていると指摘しています［『人間の条件』前掲書、二一三頁、注六一。この箇所に関しては、アーレント自身の手直しが入ったドイツ語版の邦訳を参照する方が分かりやすいかもしれません。ハンナ・アーレント『活動的生』森一郎訳、みすず書房、二〇一五年、四六一頁、注六一］。自己治療仮説そのものです。僕はこの注を読んだ時に哲学の力のようなものを感じました。アーレントは薬物や依存症の研究をしていたわけではありません。しかし、哲学的な思惟は、或る現象を前にした時、当然そう考えるべきであるという道筋を、少なくとも示すことはできる。これは僕が哲学に一生懸命に取り組んでいる理由の一つでもあります。

現在、世界では、一部の薬物を違法化するけれども、刑事罰は用いないという方向が大きな流れになっています［丸山泰弘「世界の薬物政策はなぜ刑事罰を諦めたのか」『アディクション・スタディーズ』前掲書」。また、松本さんは、薬物依存の苦しみを綴った元野球選手、清原和博さんの著書『薬物依存症の日々』［文春文庫、二〇二三年］への解説の中で、イギリス人ジャーナリスト、ヨハン・ハリの言葉を引用しています。曰く、アディクション（依存症）の対義語は、ソーバー（しらふの状態）でも、クリーン（薬物を使っていない状態）でもなく、コネクション（人とのつながり）である。

依存症からの回復において重要なのは、依存症者を叱ったり罰したりすることではなく、人とのつながりの中で、「治療」の対象であった苦痛を分かち合い、そして和らげていくことではないでしょうか。

最後に――享受の快を剝奪された生

薬物依存症の苛烈な経験について知れば知るほど、僕はそこにあるのが、享受の快を剝奪された生であるという確信を強めます。何も楽しむことができない。それどころか、日々、苦痛に苛まれている。

人が享受の快を剝奪された生に陥る理由は様々です。だから享受の快を剝奪された人生について、どうすればそうならないかとか、どうすればそこから抜け出せるかといったことを一般的な仕方で語ることはできません。

けれども、一つだけはっきり言えるのは、享受の快の剝奪はあってはならないということです。第四象限が第三象限に飲み込まれてなくなってしまうということはあってはならないのです。

しかし、僕がずっと気になっているのは、現在の社会が、享受の快を剝奪する方向に進んでいるのではないかということです。第三象限による第四象限の飲み込みが着々と進行しているように思われるのです。嗜好品に対して執拗に行われている非難はそうした傾向の一つの現われではないでしょうか。

『目的への抵抗』でも、今の社会はチェスのためにチェスをすることを許さない社会に近づいているのではないかと指摘しました。アーレントは全体主義社会を目的の概念から分析する過程で、ナチの政治家ハインリッヒ・ヒムラーが全体主義社会の理想とする人間を定義して述べた言葉、「それ自体のために或る事柄を行うことの絶対にない人間」を引いています（『目的への抵抗』前掲書、一五三頁）。

誰がどういう文脈で口にした言葉であるかを隠しておいたら、このような人間は現代では望ましいとされるのではないでしょうか。現代社会が求めているのは、何かをそれ自体のために行うことがない人間ではないでしょうか。何事をも何らかの設定された目的のために行い、何事をも手段として有用かどうかという物差しで測る——そういう人間ではないでしょうか。

もちろん、ナチが全体主義をもたらした時代と現代とでは状況は大きく異なります。現代における享受の快の剝奪は、間違いなく、資本主義によって着々と行われつつあるものです。この講話の冒頭では消費社会について話すことで資本主義の一側面に迫ろうとしましたが、これではとても十分とは言えません。いまアディクションと資本主義の関係を解き明かそうとする研究も出始めています。今後はもっと資本主義についての考察を深めていきたいと思います。

今日の講話はここまでにしたいと思います。みなさん、いい夏休みを過ごして、秋にまたキャンパスに戻ってきてください。ありがとうございました。（拍手）

おわりに――経験と習慣

ここに記すのは根拠のない単なる予感のようなものに過ぎない。だが、この予感は本書ができあがるまでの間、一時たりとも私の頭を離れることはなかった。おそらく私はこの後、この予感について考えていくことになる。

本書で私は現代人が崇高を感じることは稀になっているのではないかという疑問を提起した。近代における技術の進歩は、我々の自然に対する感覚を根本的に変更してしまった。我々は十八世紀の人びとと同じように自然に向かうことはおそらくできない。

実は私は同じことを、本書で論じた四つの快の対象すべてについて考えていた。

美の経験は確かに今も残存しているだろう。しかし、現代の徹底した相対主義は、「このバラは私にとって美しい」という言い回しを、もはや「笑うべきことであろう」とは言えない地点にまでもたらしつつあるのではなかろうか。とりわけ現代の芸術作品については、万人の同意を要求する美的判断など不可能ではないかと思われるほどである。

カントの言う善行については、以前から数々の疑問が投げかけられてきた。十九世紀フランスの詩人、シャルル・ペギーは、「カント主義は純粋な手を持っているが、それには手がない」と述べて、カント倫理学は道徳的には正しいけれども、具体的な行為をもたらすことができないとこれを批判した。

二十世紀には恐るべき出来事がカント倫理学に試練を突きつけた。ハンナ・アーレントはホロコーストに関わったナチの高官アドルフ・アイヒマンの裁判を分析した著作『エルサレムのアイヒマン』の中で、アイヒマンがカントの『実践理性批判』を読んでいたという事実を紹介し、アイヒマンが実際にカントの格率に従っていたことに疑問の余地はないと述べた。

カントの言う善行は、そもそも実践が不可能であるだけではない。もしも実践しようとすれば途方もない邪悪さを引き起こす可能性があるというわけだ。

そして本書では、四つ目の快の対象、すなわち、快適なもの、享受の快が、現代社会において危機に瀕していることを論じてきた。

以上はカント哲学に対する批判ではない。そうではなくて、カント哲学から出発することで、現代における一つの危機を浮き彫りにしたいのである。本書の言葉で言えば、それは第一、第二、第四象限の経験が無と化し、生が第三象限に還元されてしまうという危機に他ならない。快が消滅し、生が目的のための手段と完全に等しくなる状態である。

これはいったいいかなる状態であろうか。おそらく、経験（experience）というものそれ自体が消滅した状態である。ここで「経験」の語は特に根拠なく狭い意味で用いているが、私の念頭にあるのは、ヴァルター・ベンヤミンが第一次大戦の帰還兵たちを思い起こしながら記した「経験の相場が下落してしまった」という一言である。帰還兵たちは伝達可能な経験が豊かになってではなく、それがいっそう乏しくなって帰ってきたとベンヤミンは言う（「物語作者」）。

帰還兵たちはフロイトならば戦争神経症と呼び、現代であればＰＴＳＤと名指される症状に近い状態にあったと考えられる。戦争は彼らの主体を破壊した。主体に変更を加えたのではなくて、主体を破壊した。それによって彼らは経験する能力そのものを奪われた。戦争もまた目的-手段連関の権化である。それは主体を徹底的に破壊する。

それに対し、現代社会は生を第三象限に還元し、これを目的のための手段と完全に等しくすることで、主体が形成される機会そのものを人びとから奪う。目的によって駆り立てられ、何もかもを手段と見なす生とは、もはや主体が存在せず、経験する能力そのものを奪われた生ではなかろうか。

ならば主体が再来するための手がかりはどこにあるのか。ヒントの一つはおそらく習慣(habit)にある。我々はしばしば、まず主体があって、それが習慣を身につけると考える。しかし、そもそも主体とは、数え切れないほどの大小様々な習慣の集積ではないだろうか。何事かを反復していく中で身につけられた規則の総体こそが主体ではなかろうか。主体の形成には反復が関わっている。しかし、現代の経済体制において最も許されないのが反復である。我々は常に新しい需要、新しい目的、新しい夢を追いかけるよう駆り立てられている。我々は習慣を作る間もなく、次のミッションへと投げ込まれる。

習慣なき生は主体なき生であり、主体なき生は経験の能力を失っている――そんな風に考えられないだろうか。この予感を問題として考えるためには、経験と習慣についての哲学的な諸概念を磨き上げていかねばならない。

國分功一郎　1974年千葉県生まれ。東京大学大学院総合文化研究科教授。博士（学術）。専攻は哲学。著書に『暇と退屈の倫理学』『中動態の世界——意志と責任の考古学』『スピノザ』『目的への抵抗』等。

Ⓢ新潮新書

1072

手段《しゅだん》からの解放《かいほう》
シリーズ哲学講話《てつがくこうわ》

著　者　國分功一郎《こくぶんこういちろう》

2025年1月20日　発行

発行者　佐　藤　隆　信

発行所　株式会社 新潮社
〒162-8711　東京都新宿区矢来町71番地
編集部(03)3266-5430　読者係(03)3266-5111
https://www.shinchosha.co.jp
装幀　新潮社装幀室

印刷所　錦明印刷株式会社
製本所　錦明印刷株式会社

ISBN978-4-10-611072-6　C0210

価格はカバーに表示してあります。